MARKUS LEYACKER-SCHATZL

Charlie Chaplin

Charlie Chaplin

ERFOLGSGEHEIMNISSE
einer
LEGENDE

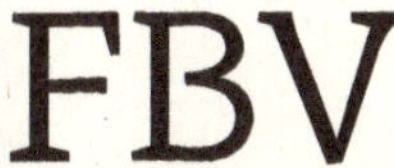

MARKUS LEYACKER-SCHATZL

Bibliografische Information der Deutschen Nationalbibliothek
Die Deutsche Nationalbibliothek verzeichnet diese Publikation in der Deutschen Nationalbibliografie. Detaillierte bibliografische Daten sind im Internet über http://dnb.d-nb.de abrufbar.

Für Fragen und Anregungen
info@m-vg.de

Wichtiger Hinweis
Zum Zweck der besseren Lesbarkeit und um die Kraft in Chaplins Lebensgeschichte und die Essenz seiner Erfolgsstrategien zu bewahren, wurde auf eine genderspezifische Schreibweise sowie eine Mehrfachbezeichnung verzichtet. Alle personenbezogenen Bezeichnungen sind somit geschlechtsneutral zu verstehen.

Originalausgabe, 1. Auflage 2024

Türkenstraße 89
80799 München
Tel.: 089 651285-0

Redaktion: Anne Büntig-Blietzsch
Korrektorat: Anke Schenker
Umschlaggestaltung: Sabrina Pronold
Umschlagabbildungen: Umschlagvorderseite: CHARLIE CHAPLIN as himself circa 1915 Portrait by WITZEL, L.A. Masheter Movie Archive / Alamy Stock Photo; Umschlagrückseite: Chaplin Archives, Copyright © Roy Export S.A.S and/or Roy Export Co. Ltd. Used with permission.
Fotos im Bildteil: Photos from the Chaplin Archives, Copyright © Roy Export S.A.S and/or Roy Export Co. Ltd. Used with permission.
Satz: ZeroSoft, Timisoara
Druck: GGP Media GmbH, Pößneck
Printed in Germany

ISBN Print 978-3-95972-808-9
ISBN E-Book (PDF) 978-3-98609-579-6
ISBN E-Book (EPUB, Mobi) 978-3-98609-580-2

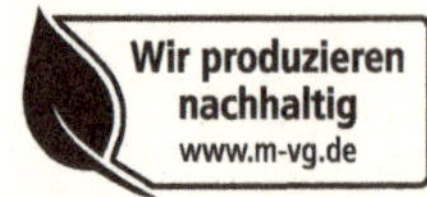

Weitere Informationen zum Verlag finden Sie unter
www.finanzbuchverlag.de
Beachten Sie auch unsere weiteren Verlage unter www.m-vg.de

INHALT

*Dieses Buch ist Charles Chaplin gewidmet,
dessen Lebenswerk und Vermächtnis weit über seine
filmischen Meisterwerke hinausgeht.*

VORWORT DES AUTORS

MEINE REISE ZU CHAPLIN

Ich werde diesen Moment nie vergessen. Plötzlich bin ich auf einen Schatz gestoßen. An einem Ort, an dem ich nie damit gerechnet hätte. Ein Schatz, der den Beginn einer spannenden und faszinierenden Reise bedeutete und der mein Leben veränderte.

Als Kind sah ich mit meinen Großeltern ein paar alte Chaplin-Kurzfilme und amüsierte mich über das hektische Gerenne und den Klamauk. Ein paar Jahre später konnte ich mit diesen scheinbar oberflächlichen Filmchen jedoch nichts mehr anfangen.

Kurz nach meinem 20. Geburtstag lief im Fernsehen Chaplins Film *Der große Diktator*. Es war einen Tag nach Weihnachten 1997, draußen fielen dicke Schneeflocken, und ich saß staunend vor unserem alten Röhrenbildfernseher. Wie konnte es sein, dass der »Stummfilmclown« Charlie Chaplin ein solch filmisches Meisterwerk erschaffen hatte?

Ich konnte es mir nicht erklären.

Kurz nach Silvester stöberte ich in einem Buchgeschäft. Dort entdeckte ich ein dickes schwarzes Buch mit der Silhouette Chaplins darauf: *Chaplin. Sein Leben, seine Kunst*. Der Name des Autors – David Robinson – sagte mir nichts, aber ich konnte es nicht glauben, dass jemand mehr als 860 Seiten über einen Schauspieler schreiben konnte, der vor über 100 Jahren geboren worden war und der mit scheinbar dümmlichem Klamauk berühmt wurde.

Ich dachte an Chaplins flammende Schlussrede in *Der große Diktator* – sein Appell für Freiheit und Menschlichkeit hallte in meinen Gedanken nach. Hätte ich diese Rede nicht gehört, so hätte ich das Buch wahrscheinlich achselzuckend zurück ins Regal gestellt. Doch Chaplins Worte hatten mich berührt, und ich begann, in dem Buch zu schmökern.

Die Fülle an Informationen und Details schien überwältigend, und doch lasen sich die ersten Seiten wie der Beginn einer faszinierenden Lebensgeschichte. Ich fühlte mich elektrisiert und kaufte das Buch.

In diesem Moment konnte ich nicht ahnen, dass dieser Tag der Beginn einer Reise war, die 15 Jahre dauern sollte – und dieses Buch war mein Reiseticket.

Zu Hause angekommen, verschlang ich es förmlich. In den Momenten, in denen ich kurz aufblickte, um das Gelesene zu verarbeiten, blickte ich in die verschneite Landschaft. Das war Anfang des Jahres 1998, und ich war dabei, meinen Lebensweg zu finden. Einerseits versuchte ich, mein Studium (Jus/Jura) ehrgeizig zu verfolgen, auf der anderen Seite stand ich kurz davor, mein erstes Unternehmen zu gründen und ein Hobby zum Beruf zu machen.

Während ich auf die verschneiten Bäume blickte und die Worte dieses Buches nachwirkten, verspürte ich die Faszination für Chaplins Werk und eine tiefe Verbundenheit mit ihm als Mensch. Seine Herausforderungen berührten mich, seine Gedanken und Erfolge inspirierten mich.

Zu Recht gilt David Robinsons Werk *Chaplin. Sein Leben, seine Kunst* bis heute als das umfangreichste Buch über Charlie Chaplin. *The Times* in London schrieb sogar darüber: »Wenn Sie noch mehr wissen möchten, als Sie in diesem Riesenwerk finden [...], dann sind Sie absolut wahnsinnig.«

Doch ich wollte mehr wissen. Viel mehr. Aber nicht jedes historische Detail, sondern ich wollte alles über Chaplin als Mensch erfahren – über seine Persönlichkeit und sein Mindset. Ich wollte die Antwort auf die Frage finden, wie ein Junge aus den Londoner Slums, der weder lesen noch schreiben konnte, zum ersten Weltstar der Geschichte und zur unsterblichen Legende werden konnte.

So begann meine Reise zu Chaplin, die über 15 Jahre dauern sollte. 15 Jahre, in denen ich sein Werk studierte, alles über ihn als Schauspieler, Filmemacher, Komponisten und Mensch las und recherchierte. Weit über 1.000 Bücher widmen sich bisher Chaplins Leben und Werk. Seit fast 100 Jahren erforschen Filmhistoriker jeden Aspekt seines Werkes. Aber kein Historiker oder Autor machte sich jemals zuvor auf die Suche nach dem wahren Schatz – dem größten Vermächtnis von Charlie Chaplin: dem Geheimnis seines Erfolges.

Ich analysierte sein Lebenswerk und sein Mindset bis ins Detail, um die Essenzen seines Welterfolges und seiner Größe als Mensch zu entdecken. Diese Reise hat mein Leben und mein Wirken geprägt, und ich habe die Antwort auf diese Frage gefunden.

Diesen kostbaren Schatz möchte ich nun mit Ihnen teilen.

CHARLIE CHAPLIN – EINE VITA

An dieser Stelle finden Sie eine Zusammenfassung von Chaplins Leben, mit den wichtigsten Stationen und Meilensteinen. Dieser kurze Überblick soll eine Einordnung der folgenden Kapitel in Chaplins Leben erleichtern. »Chaplin-kundige« Leser können ihn aber getrost überspringen.

Wer nach dem Lesen der Vita und dem Studium dieses Buches mehr über Charlie Chaplins Leben und Werk erfahren möchte, dem seien die beiden Standardwerke empfohlen: Charlie Chaplins Autobiografie *Die Geschichte meines Lebens* und David Robinsons großartiges Werk *Chaplin. Sein Leben, seine Kunst.*

Steckbrief

Charles Spencer Chaplin Jr. wurde am 16. April 1889 in London geboren und war ein Universalgenie des Films: Schauspieler, Regisseur, Drehbuchautor, Schnittmeister, Komponist und Filmproduzent zugleich. Chaplin gilt als erster Weltstar des Kinos und zählt zu den einflussreichsten Persönlichkeiten der Filmgeschichte.

Seine bekannteste Rolle ist die des »Tramps«, die von ihm erfundene Figur des Vagabunden mit Zweifingerschnurrbart, übergroßer Hose und Schuhen, enger Jacke, Bambusstock in der Hand und zu kleiner Melone auf dem Kopf. Die Figur vereinte kindlich-frechen Charme mit der Würde eines Gentleman – so wurde der Tramp zur Filmikone.

Charakteristisch für Chaplins Filme wurde die enge Verbindung zwischen Slapstick, tiefsinniger Komödie, philosophischen Ansätzen und ernsten bis tragischen Elementen.

Er begann seine Karriere schon als Kind mit Auftritten in den Londoner Music Halls. Als Komiker in den frühen Stummfilmkomödien feierte er bald große Erfolge und erarbeitete sich als beliebtester Stummfilmkomiker seiner Zeit nach und nach künstlerische und finanzielle Unabhängigkeit.

1918 gründete er sein eigenes Filmstudio und ein Jahr später – zusammen mit Mary Pickford, Douglas Fairbanks und D.W. Griffith – die Filmgesellschaft United Artists.

Charlie Chaplin gehörte zu den Gründervätern der US-amerikanischen Filmindustrie – der Traumfabrik Hollywood.

Er wurde aufgrund seiner Filme und auch seines Privatlebens der Nähe zum Kommunismus verdächtigt, und es wurde ihm nach einem Auslandsaufenthalt 1952 die Rückkehr in die USA verweigert.

Er fand mit seiner Familie in der Schweiz ein neues Zuhause – im Manoir de Ban, in Vevey – und setzte seine Arbeit in Europa fort.

Seinen ersten Oscar erhielt er 1929 für seinen Film *The Circus*, den zweiten 1972 für sein Lebenswerk.

1973 bekam er den Oscar für die beste Filmmusik zu *Limelight* verliehen.

Charlie Chaplin war viermal verheiratet und hatte elf Kinder.

Charles Chaplin wurde in London als Sohn von Charles Chaplin Sr. (1863–1901) und Hannah Harriet Hill (1865–1928) geboren. Beide waren Künstler an den britischen Music Halls, der Vater Sänger und Entertainer, die Mutter Tänzerin und Sängerin.

Kurz nach Charles' Geburt trennten sich seine Eltern. Charles und sein vier Jahre älterer Halbbruder Sydney (1885–1965) wuchsen bei der Mutter auf, die ihrem Beruf ab 1896 wegen psychischer Probleme nicht mehr nachgehen konnte. Da Chaplin Sr. regelmäßig seine Unterhaltszahlungen unterließ, lebte die Familie in großer Armut und musste immer wieder in den Armenhäusern Londons Zuflucht suchen.

Der kleine Charlie bekam 1894 erstmals und ungeplant die Chance, mit einer Gesangsdarbietung selbst vor Publikum aufzutreten, als seine Mutter mitten in einer Aufführung ihre Stimme verlor und der Bühnenmanager ihn vor einem lautstarken Publikum auf die Bühne führte. Als 9-Jähriger wurde er auf Empfehlung seines Vaters für die Music-Hall-Gruppe »The Eight Lancashire Lads« engagiert. Während der Tourneen der Lancashire Lads erhielt Chaplin Kost und Logis sowie eine einfache Schulbildung.

Chaplins Vater starb 1901 an den Folgen seiner Alkoholsucht, Sydney sorgte nun für den Unterhalt von Bruder und Mutter, die mehrfach in Irrenanstalten eingeliefert und 1905 für geisteskrank erklärt wurde.

Chaplin war fast gänzlich auf sich allein gestellt, wurde mit seinem Halbbruder als 6-Jähriger erstmals in ein Waisenhaus gesteckt, trieb sich oft hungernd auf den Straßen Londons herum und lernte das unterste soziale Milieu kennen, das er genau beobachtete.

Bereits mit 13 Jahren verließ er endgültig die Schule. Er verdingte sich als Laufbursche, Zeitungsverkäufer, Drucker, Spielzeugmacher und Glasbläser, um seinen Lebensunterhalt zu bestreiten.

Nach Ende seiner Verpflichtung bei den Lancashire Lads fand Chaplin kleinere Engagements an den Londoner Bühnen. Im Sommer 1903 spielte er in dem wenig erfolgreichen Theaterstück *Jim, A Romance of Cockayne* seine erste größere Rolle, für die er erste gute Kritiken erhielt. Es folgte die Rolle des Laufburschen Billy in der von William Gillette verfassten Bühnenversion von *Sherlock Holmes*. Diese Inszenierung wurde ein großer Erfolg. Chaplin ging bis 1906 insgesamt vier Mal mit diesem Theaterstück auf Tournee.

Auch Sydney Chaplin wirkte in dem Ensemble mit, verließ die Theatertruppe aber wieder, als er beim erfolgreichen Theaterproduzenten Fred Karno unter Vertrag genommen wurde. Charles folgte seinem Bruder und unterschrieb 1908 einen Zweijahresvertrag bei Fred Karno.

Bei Fred Karno, der die Tradition der komischen Pantomimenspiele fortführte, stieg Chaplin schnell zu einem der Hauptdarsteller auf. Sein erster Erfolg bei Karno war die Rolle des Trunkenbolds in dem Stück *Mumming Birds.* 1910 übernahm Chaplin die Hauptrolle in der Neuproduktion *Jimmy the Fearless.* Fred Karno bot Chaplin daraufhin an, mit einem Ensemble auf eine Tournee durch Nordamerika zu gehen – von Juni 1910 bis Juni 1912 spielte die Truppe in den Vereinigten Staaten und Kanada.

Zurück in London begeisterte vor allem Chaplins Rolle in *A Night in an English Music Hall,* einer Wiederaufführung von *Mumming Birds,* das Publikum und die Presse gleichermaßen.

Nach einigen Monaten in Europa schickte Karno sein Ensemble mit Chaplin für eine zweite Tournee nach Amerika. Diese Tournee verlief allerdings nicht so erfolgreich wie die erste, Chaplin erhielt in diesen Tagen ein Telegramm, das er zuerst als Einladung zur Nachlasseröffnung seiner New Yorker Großtante missdeutete.

Chaplin reiste für einen Tag zurück nach New York – statt einer Testamentseröffnung handelte es sich jedoch um ein Angebot von Mack Sennetts Keystone Studios. Am 25. September 1913 unterschrieb Chaplin schließlich einen Vertrag, mit dem er sich für ein Jahr als Filmschauspieler verpflichtete. Chaplin wurde vertraglich ein Gehalt von 150 Dollar in der Woche zugesagt. Er verließ im November 1913 die Karno-Truppe.

Anfang Januar 1914 trat Chaplin seine neue Stelle in den Keystone Pictures Studios von Filmproduzent Mack Sennett an. In den ersten Wochen hatte er große Probleme, mit den chaotischen und improvisierten Arbeitsbedingungen bei Keystone zurechtzukommen. Chaplin war von seiner Zeit bei Fred Karno monatelanges Proben an den Sketchen gewohnt, bis jede Geste und jede Pointe perfekt saß. Mack Sennett dagegen arbeitete fast immer ohne Drehbuch, es wurde spontan improvisiert, und seine Produktionen wurden schnell abgedreht. Der Star der Truppe war Ford Sterling, dessen wilde Grimassen in einem krassen Gegensatz zu Chaplins eher subtiler Komik standen.

Erst Ende des ersten Monats wurde Chaplin in einem Film eingesetzt – es war der Einakter *Making a Living*, der unter der Regie von Henry Lehrman entstand, der auch den Helden der Geschichte spielte. Chaplin war der Bösewicht, dessen Auftreten an seinen Charakter aus dem Karno-Stück *A Night in an English Music Hall* erinnerte.

Chaplin war unzufrieden mit dieser Rolle und entwickelte für die folgenden Filme eine neue Figur. Der Legende nach lieh er sich ein altes Paar Schuhe von Ford Sterling und eine übergroße Hose von Roscoe »Fatty« Arbuckle, eine Melone von Arbuckles Schwiegervater, eine zu kleine Jacke von Charles Avery und den falschen Schnurrbart von Mack Swain. Der »Tramp« trat erstmals Anfang Februar 1914 in den Filmen *Kid Auto Races at Venice* und *Mabel's Strange Predicament* auf.

Nachdem es zwischen dem Jungschauspieler Chaplin und den bereits erfahrenen Regisseuren immer wieder zu Meinungsverschiedenheiten und Konflikten kam, versuchte Mack Sennett, Chaplin in einem von Mabel Normand inszenierten Filmen einzusetzen. Als es bei den Dreharbeiten zu einem Eklat zwischen ihm und Mabel Normand kam, glaubte Chaplin bereits, dass seine Tage bei Keystone gezählt waren. Doch die große Publikumsnachfrage nach Filmen mit Chaplin zwang Mack Sennett, ihm weiterhin freie Hand zu gewähren.

Chaplin wollte endlich selbst bei einem Film Regie führen, womit Sennett nicht einverstanden war, da er im Falle eines Flops nicht auf den Produktionskosten sitzen bleiben wollte. Als Chaplin sich bereit erklärte, notfalls mit seinen Ersparnissen die Kosten zu tragen, gab Mack Sennett nach. Sein Regiedebüt *Caught in the Rain* wurde am 4. Mai 1914 veröffentlicht und avancierte zu einem der bis dahin erfolgreichsten Filme von Keystone. In den letzten sechs Monaten seines Vertrages mit Keystone führte Chaplin mit nur einer Ausnahme bei allen seinen Auftritten selbst Regie.

Im Juni 1914 liefen die ersten Keystone-Filme mit Chaplin in Großbritannien an, und er wurde von der heimischen Presse gefeiert. Angesichts seines rasant gestiegenen Marktwertes forderte Chaplin von Sennett 1.000 Dollar pro Woche bei einer Fortsetzung des Vertrages. Es kam aber zu keiner Einigung, sodass Chaplins Vertrag bei Keystone Ende des Jahres 1914 nach 35 Filmen beendet wurde.

Er benötigte nun einen gemächlicheren Drehplan und mehr Freiheiten, die ihm Zeit lassen würden, sich mit der Psychologie seiner Filmfigur besser vertraut zu machen und sich darauf zu konzentrieren, die Qualität jedes einzelnen Films zu verbessern. Ebenso sehnte er sich nach gelegentlichen Verschnaufpausen, um wenigstens ein wenig Privatleben zu genießen.

Im November 1914 unterzeichnete Charles Chaplin einen Vertrag bei der Essanay Film Manufactoring Company, die ihm neben einer wöchentlichen Gage von 1.250 Dollar eine einmalige Zahlung über 10.000 Dollar garantierte.

Chaplin drehte im Januar 1915 seinen ersten Film *His New Job* in den veralteten Essanay-Studios in Chicago. Danach zog er aber zurück nach Kalifornien – ins dortige Essanay-Studio – und stellte seine eigene Stammbesetzung zusammen. Auf der Suche nach einer weiblichen Hauptdarstellerin entdeckte Chaplin die 19-jährige Edna Purviance, die schließlich in 35 seiner Filme mitspielte und mit der er bis 1917 auch privat liiert war.

Chaplin fokussierte sich zunehmend auf die Rolle des Vagabunden, der in seinem sechsten Essanay-Film *The Tramp* sogar zum Titelhelden wurde. Während in den frühen Filmen Chaplins der Slapstick überwog, zeigten sich in *A Jitney Elopement* und *The Tramp* romantische Elemente, die in *The Bank* sogar in einen traurigen Schluss mündeten.

Die ersten sieben Filme für Essanay entstanden in nur vier Monaten, doch in den folgenden Monaten versuchte Chaplin, seine Unabhängigkeit als Produzent durchzusetzen, indem er sich von der üblichen Fließbandmethode verabschiedete und sich deutlich mehr Zeit für die nächsten Projekte nahm. Seine letzten beiden von insgesamt 15 Filmen für Essanay wurden erst im Lauf des Jahres 1916 veröffentlicht, als Chaplin bereits bei der Mutual Film Corporation unter Vertrag stand.

Der neue Vertrag mit Mutual, der ihm ein wöchentliches Gehalt von 10.000 Dollar zuzüglich eines Bonus von 150.000 Dollar bei Vertragsabschluss garantierte, machte Chaplin zu einem der bestbezahlten Schauspieler. Seine Popularität wuchs von Film zu Film. Als er Ende Februar 1916 zur Vertragsunterzeichnung mit dem Zug nach New York fuhr, warteten riesige Menschenmengen auf die Ankunft des Stars.

Für Chaplin wurde in Los Angeles eigens ein neues Studio eingerichtet. Edna Purviance und andere folgten Chaplin von Essanay zu Mutual, unter anderen Kameramann Rollie Totheroh, der bis 1952 Chaplins wichtigster Kameramann blieb. Das Ensemble vervollständigten Albert Austin und der hünenhafte Eric Campbell, der in den meisten Filmen den Bösewicht spielte. Im Laufe des Jahres wurde die Crew durch Henry Bergman ergänzt, der als vielseitig einsetzbarer Nebendarsteller und Assistent Chaplin bis zu seinem Tod im Jahr 1946 begleiten sollte.

Chaplins Vertrag mit Mutual sah vor, dass innerhalb von zwölf Monaten zwölf Filme produziert werden sollten. Tatsächlich wurden aber nur die ersten acht Filme in dieser Zeit fertiggestellt, für die letzten vier benötigte Chaplin dann insgesamt zehn Monate. Einige der Mutual-Filme werden heute zu Chaplins besten Filmen gezählt.

Während Chaplin mit der Rollschuhbahn in *The Rink* und einer Rolltreppe in *The Floorwalker* erneut das komische Potenzial ungewöhnlicher Schauplätze aufzeigte, gilt *The Pawnshop* als ein Musterbeispiel für Chaplins »Komik der Transposition«, in der Gegenstände eine völlig neue Funktion einnahmen. Seine bekanntesten Filme aus der Zeit bei Mutual sind *Easy Street* und die Tragikomödie *The Immigrant*.

Für Aufsehen sorgte Ende des Jahres 1916 die nichtautorisierte Biografie *Charlie Chaplin's Own Story*, deren Erscheinen nur mithilfe der Gerichte verhindert werden konnte. Gleichzeitig musste sich Chaplin gegen zahlreiche Nachahmer und Imitatoren wehren und verklagte mehrere Filmstudios, die mit Chaplin-Imitatoren Filme produziert hatten.

Nach Ablauf seines Vertrags mit Mutual suchte Charles Chaplin eine neue Produktionsgesellschaft, die ihm nicht nur die finanzielle, sondern auch die zeitliche Unabhängigkeit für die Produktion seiner Filme ermöglichte. Sydney Chaplin, der seit dem Herbst 1915 als Manager für seinen Bruder Charlie tätig war, fand diesen Partner in der First National, die mit der Verpflichtung Chaplins gegen die marktbeherrschende Position von Paramount Pictures antreten wollte. Es wurde ein Vertrag über acht Filme abgeschlossen, für die First National bereits vorab die Rekordsumme von mehr als 1 Million Dollar zahlte. Charlie Chaplin wurde sein eigener Produzent, behielt die Rechte an seinen Filmen und ließ in Hollywood ein Studio nach seinen eigenen Vorstellungen errichten.

Am 15. Januar 1918 begannen die Dreharbeiten zu *A Dog's Life,* die erst nach zwei Monaten beendet wurden. Direkt nach Abschluss ging er gemeinsam mit seinen Freunden und Kollegen Douglas Fairbanks und Mary Pickford auf eine Tournee durch die USA, um für den Kauf von Kriegsanleihen zu werben. Chaplins nächster Film *The Bond* sollte dann auch ein Werbefilm für Kriegsanleihen werden. Chaplin arbeitete damals noch immer ohne Drehbuch, und nach einigen Mühen bei der Entwicklung der Handlung entstand schließlich *Shoulder Arms,* der zu einem der größten finanziellen Erfolge in seiner Karriere wurde.

Privat hatte Chaplin weniger Glück. Anfang des Jahres 1918 hatte er die gerade 16 Jahre alte Schauspielerin Mildred Harris kennengelernt. Chaplin und Harris heirateten am 23. September 1918. Der unglückliche Verlauf der Ehe lähmte Chaplins Kreativität und Schaffenskraft, die Dreharbeiten für die nächsten beiden Filme *Sunnyside* und *Charlie's Picknick* verzögerten sich und wurden öfter unterbrochen. Am 7. Juli 1919 kam Chaplins Sohn Norman Spencer zur Welt, der aber drei Tage nach der Geburt starb.

Chaplins Schaffenskrise endete, als er in einem Theater den 4-jährigen Jackie Coogan entdeckte. Chaplin entwickelte sein neues Filmprojekt *The Kid,* in dem Jackie an seiner Seite spielen sollte. Chaplin erkannte, dass dieser Film deutlich länger als seine bisherigen Werke werden sollte.

Um First Nationals Wunsch nach der baldigen Veröffentlichung eines neuen Chaplin-Films zu erfüllen, griff er während einer Produktionspause von *The Kid* auf das noch unveröffentlichte Material von *Charlie's Picknick* zurück, drehte einige neue Szenen und veröffentlichte schließlich im Dezember 1919 *A Day's Pleasure,* einen Zweiakter, der in der Tradition seiner Filme bei Essanay und Mutual stand.

Voller Eifer setzte Chaplin die Arbeiten an *The Kid* fort. Während er ganz in die Arbeit versunken war, wurde er von der Scheidungsklage seiner Ehefrau Mildred überrascht. Da Mildred eine Abfindung über 100.000 Dollar ablehnte, drohte die Beschlagnahmung und Pfändung des nach einem Jahr endlich fertiggedrehten Films. Im August 1920 wurden daraufhin die gesamten Negative von *The Kid* heimlich nach Salt Lake City geschafft, wo Chaplin inkognito in einem Hotel einen ersten Rohschnitt anfertigte. Kurz darauf begann der Scheidungsprozess, der mit einer gütlichen Einigung endete. Der Premiere von *The Kid* am 6. Januar 1921 stand nun nichts mehr im Wege. Es war Chaplins erster Langfilm und wurde zu einem Riesenerfolg, der in den nächsten drei Jahren in rund 50 Ländern vertrieben wurde.

Da sich First National bei der Bezahlung Chaplins für *The Kid* wenig kooperativ gezeigt hatte, wollte Chaplin seine vertraglichen Verpflichtungen so schnell wie möglich erfüllen und seinen Vertrag beenden, da er inzwischen als Mitbegründer von United Artists einen eigenen Filmvertrieb besaß. Innerhalb von fünf Monaten entstand der Film *The Idle Class*. Die Dreharbeiten für *Pay Day* unterbrach Chaplin schon kurz danach, um im September 1921 zu einer Europareise zu starten. Diese führte ihn erstmals seit neun Jahren wieder in seine Heimat London. Chaplin wurde von der Begeisterung der Menschen überwältigt und hielt seine Erfahrungen in dem Buch *My Trip Abroad* fest.

Im November 1921 setzte er seine Arbeit an *Pay Day* fort, der sein letzter Zweiakter werden sollte. Chaplins letzter Film für First National, der Vierakter *The Pilgrim,* wurde in der Rekordzeit von nur 42 Drehtagen fertiggestellt. Erneute Streitigkeiten mit First National über die Vermarktung verzögerten aber die Premiere bis zum Februar 1923.

Bereits im Januar 1919 hatten Chaplin, die Schauspieler Douglas Fairbanks und Mary Pickford sowie der Regisseur D. W. Griffith beschlossen, einen unabhängigen Filmverleih zu gründen, um so einem drohenden Monopol der etablierten Studios entgegenzutreten. Chaplin war wie gesagt Gründungsmitglied und einer der vier Gesellschafter von United Artists. Nachdem sein Vertrag bei der First National ausgelaufen war, konnte Chaplin endlich seinen ersten Film für United Artists in Angriff nehmen und erfüllte sich den lang gehegten Wunsch, einen ernsten, dramatischen Film zu drehen. Der Film sollte außerdem Edna Purviance in ihrer ersten Hauptrolle eine neue Karriere eröffnen, da Chaplin sie nicht mehr als eine ideale Komödienpartnerin betrachtete.

Chaplin entwickelte die in Paris angesiedelte Geschichte des Liebesdramas *A Woman of Paris,* die er von November 1922 bis Juni 1923 mit Edna Purviance und Adolphe Menjou in den Hauptrollen drehte. Chaplin selbst war nur in einem wenige Sekunden dauernden Cameo-Auftritt als Gepäckträger zu sehen. Während der Produktionszeit des Films stand Chaplins Beziehung mit der Schauspielerin Pola Negri im Mittelpunkt des öffentlichen Interesses, die jedoch nur wenige Monate dauerte.

Die Premiere von *A Woman of Paris* am 1. Oktober 1923 wurde von den Kritikern gefeiert. Das von Chaplin mühsam entwickelte subtile Spiel der Protagonisten wurde als »Innovation« verklärt und dadurch zum Vorbild zahlreicher Filmregisseure der späten 1920er Jahre. Das Publikum konnte sich jedoch mit dem für Chaplin untypischen Melodram nicht anfreunden. Der Film wurde zwar kein

Flop, aber war doch weniger erfolgreich als Chaplins Filme mit dem Tramp.

Um einen größeren Skandal abzuwenden, heiratete er 1924 die 16-jährige Lita Grey, die für seine nächste Produktion *The Gold Rush* als seine Filmpartnerin vorgesehen war. Lita war zu diesem Zeitpunkt schwanger. Zwei Söhne wurden geboren – Charles Chaplin Junior (1925) und Sydney Earle (1926) –, bevor die Ehe 1927 in einem aufsehenerregenden Prozess geschieden wurde. *The Gold Rush,* die Tragikomödie über die Ära des Goldrausches, wurde einer von Chaplins größten Erfolgen, und er selbst sagte: »[...] mit diesem Film möchte ich in Erinnerung bleiben.«

Im Jahre 1928 drehte Chaplin die Komödie *The Circus,* der als Klassiker in seinem Werk gilt. Die Dreharbeiten waren von zahlreichen Problemen und Katastrophen überschattet.

Ende der 1920er Jahre – inmitten der Weltwirtschaftskrise – fand die Ära des Stummfilms in Hollywood ihr Ende. Das führte zu drastischen Umbrüchen in Hollywood. Die meisten Slapstick-Komiker der Stummfilmzeit waren plötzlich nicht mehr gefragt.

Trotz Warnungen seiner Kollegen drehte Chaplin im Jahre 1931 *City Lights,* einen weiteren Stummfilm, da die Figur des Tramps seiner festen Überzeugung nach nur im Stummfilm funktionieren konnte. Der Film war aber nicht gänzlich stumm – es gab eine musikalische Tonspur, die Chaplin selbst komponiert hatte. Dadurch wurde Chaplin nun erstmals auch zum Komponisten seiner Filme.

In *City Lights* schlüpfte Chaplin erneut in die Rolle des Tramps, der sich in einer großen Stadt in ein blindes Blumenmädchen verliebt. Die romantische Komödie mit gesellschaftskritischen Untertönen wurde ein massiver Erfolg bei Kritikern und Publikum – und das mehrere Jahre nach dem Ende der Stummfilmzeit.

1931 wurde Charlie Chaplin während der Promotion für *City Lights* in Berlin begeistert empfangen. Doch am Bahnhof skandierten einige Dutzend Nazis, die allerdings von den jubelnden Massen übertönt wurden. Linke Kreise hatten Chaplin stark vereinnahmt, was er dementierte. Er bezeichnete sich selbst als unpolitisch. Dennoch machte die rechte Presse gegen ihn Front. Chaplin sorgte sich um politisch motivierte Aufführungsverbote seines neuen Films, doch *City Lights* wurde ein großer Erfolg, und die Anfeindungen durch Nazis schienen verhallt. In mehreren deutschen Städten versuchte die SA allerdings Besucher von den Kinos fernzuhalten. Nach Hitlers Machtübernahme im Januar 1933 waren Chaplin-Filme zwölf Jahre lang im Deutschen Reich nicht mehr zu sehen.

Obwohl der Tonfilm bereits seit Jahren fest etabliert war, brachte Chaplin mit *Modern Times* im Jahr 1936 noch einen weiteren Stummfilm in die Kinos. Er arbeitete aber mit Toneffekten, auch um die inzwischen beliebten Tonfilme zu parodieren, denen Chaplin weiterhin sehr skeptisch gegenüberstand. Er fürchtete, der Tramp könnte an Beliebtheit und Universalität einbüßen, wenn er mit einer bestimmten Stimme spräche. Erst am Ende des Films singt der Tramp ein Lied in einer Fantasiesprache und zeigt damit, dass es keiner Worte bedarf, um eine Geschichte zu erzählen. Der Erfolg an den Kinokassen bestätigte Chaplins herausragende Stellung als Künstler, der scheinbar über jeden Trend der Zeit erhaben war.

Da Chaplin in *Modern Times* die Auswüchse der Industrialisierung, Automatisierung und des Kapitalismus kritisiert, warfen ihm konservative Kreise in den USA eine antikapitalistische und kommunistische Einstellung und Propaganda vor.

Privat war er inzwischen mit seiner Filmpartnerin Paulette Goddard liiert, die er 1936 heimlich heiratete.

Am 15. Oktober 1940 war die Premiere von Chaplins erstem Sprechfilm *The Great Dictator.* Chaplins satirische Parodie auf den Faschismus richtete sich auch gegen den Militarismus allgemein. Diesen Anti-Hitler-Film wollte die US-amerikanische Zensurbehörde damals zuerst nicht genehmigen. Ein Argument war, die Deutschen hätten mit Wirtschaftssanktionen gedroht, während die Konservativen Amerikas Hitlers Machtwahn anfangs unterschätzten und ihn als großartigen Politiker sahen, als Verbündeten gegen Stalin.

Der Film war für Chaplin finanziell sehr erfolgreich. In die Filmgeschichte eingegangen ist Charlie Chaplins Rede am Ende des

Films, ein eindringlicher Appell an die ganze Welt für Demokratie, Frieden und Menschlichkeit.

Von den Nationalsozialisten wurde Chaplin irrtümlich für einen Juden gehalten, seit 1931 wurde er von der NS-Presse offen als Jude tituliert. Chaplin verzichtete während der 1930er und 1940er Jahre aus Solidarität mit den Verfolgten des Nationalsozialismus darauf, diese Falschinformation zu dementieren, und stellte sie erst viel später richtig.

Anfang der 1940er Jahre hatte Chaplin die junge Schauspielerin Joan Barry (1920–2007 entdeckt. Er wollte mit ihr einen Film drehen, und sie begannen eine kurze Affäre. Nach Ende der Beziehung zeigte Barry zunehmend psychische Probleme, sie belästigte und bedrohte Chaplin. Nach der Geburt ihres Kindes 1943 behauptete sie, dass Chaplin der Vater des Kindes sei, und verklagte ihn. Ein Bluttest widerlegte eindeutig seine Vaterschaft, doch konnte Barrys Anwalt das Gericht überzeugen, Chaplin zu einer Geldzahlung an Barry und ihr Kind zu verurteilen. Der Skandal verschlechterte das Ansehen Chaplins in der amerikanischen Öffentlichkeit deutlich.

1936 bis 1942 war Chaplin mit Paulette Goddard verheiratet. Kurz danach lernte Chaplin die Liebe seines Lebens kennen: Oona O'Neill (1925–1991), Tochter des Dramatikers Eugene O'Neill. Am 16. Juni 1943 heirateten Charlie Chaplin und die 18-jährige Oona O'Neill. 1944 wurde das älteste der acht gemeinsamen Kinder, Geraldine, geboren. 1946 folgte Michael Chaplin.

Im Oktober 1947 musste Chaplin wiederholt vor dem »Komitee für unamerikanische Umtriebe« aussagen. FBI-Chef J. Edgar Hoover, ein erbitterter Gegner Chaplins, versuchte dem Briten die Aufenthaltsgenehmigung zu entziehen. Während das FBI Charlie Chaplin als »radikalen und gefährlichen politischen Hetzer« brandmarkte, verlieh die Universität Oxford ihm 1962 die Ehrendoktorwürde.

Obwohl Chaplin seine größten Erfolge in den USA errang, behielt er seine britische Staatsangehörigkeit und sah sich selbst als Weltbürger. Charles Chaplin war liberal, kritisch und später ein erklärter Pazifist. Er passte damit nicht in das gängige Bild, das die Regierung von einem Filmstar erwartete. Auch an seinem Privatleben nahm man Anstoß.

Chaplin parodierte in seinen Filmen auch die amerikanische Gesellschaft und wurde dadurch »verdächtig«. Es wurde ihm mangelnder Patriotismus vorgeworfen. In den 1930er und 1940er Jahren konnte man sich in Amerika bereits mit der Hinterfragung der herrschenden Gesellschaftsordnung als marxistisch oder kommunistisch verdächtig machen.

Das Eheglück war Chaplins Fundament in diesen schweren Jahren: 1949 und 1951 bekamen die Chaplins zwei weitere Kinder: Josephine und Victoria.

Am 17. September 1952 verließ Chaplin die Vereinigten Staaten für einen Kurzbesuch in England, anlässlich der Weltpremiere seines Films *Limelight*. Da das FBI ihn »unamerikanischer Umtriebe« verdächtigte, erreichte der FBI-Chef einen Tag später den Widerruf von Chaplins Wiedereinreisegenehmigung in die Vereinigten Staaten. Chaplin beschloss daraufhin, in Europa zu bleiben. Er zog im Dezember 1952 in die Schweiz und ließ sich im Anwesen Manoir de Ban oberhalb von Corsier-sur-Vevey am Genfersee nieder, das er kurz darauf kaufte.

Seine Hand- und Fußabdrücke von 1928 vor dem TCL Chinese Theatre wurden entfernt. Die Betonplatte mit seinen Abdrücken ist bis heute verschollen. Über die Verleihung eines Sternes für Chaplin auf dem Hollywood Walk of Fame gab es eine Kontroverse, und aus politischen Gründen wurde ihm diese Ehrung bis 1972 verweigert.

1953 und 1957 wurden seine Kinder Eugene Anthony und Jane Cecil geboren.

1957 verarbeitete Chaplin in der Satire *A King in New York* die bitteren Erfahrungen, die er im Umgang mit den USA gemacht hatte – der Film wurde erst 1973 in den USA gezeigt.

1959 und 1962 wurden die Kinder Annette Emily Chaplin und Christopher James Chaplin geboren.

1967 produzierte Chaplin den Film *A Countess from Hong Kong*, in dem er selbst nur in einer kleinen Nebenrolle als Schiffssteward zu sehen war. Der Film mit Marlon Brando und Sophia Loren in den Hauptrollen erhielt durchwachsene Kritiken. Nur der von Chaplin komponierte und geschriebene Filmsong *This Is My Song* wurde in der Version von Petula Clark zu einem internationalen Chart-Erfolg. Bereits 1936 hatte Chaplin für *Modern Times* den Song *Smile* geschrieben, der über viele Jahrzehnte vielfach gecovert und zum Evergreen wurde.

1969 veröffentlichte er erneut seinen Film *The Circus* (1928)[1] mit neu komponierter Filmmusik, darunter ein von ihm selbst gesungener Song.

Im Jahr 1971 folgte eine neu geschnittene Fassung von *The Kid* (1921), ebenfalls mit neuer Filmmusik. Seine letzte Arbeit war 1976, eine Neukomposition für sein Stummfilm-Drama *A Woman of Paris* (1923).

1972 kehrte Charlie Chaplin zur Verleihung eines Ehren-Oscars noch einmal kurzfristig in die Vereinigten Staaten zurück. Die Behörden gaben ihm nur ein Visum für zehn Tage – aber dies hat ihm neuen Lebensmut gegeben. Bei der Oscarverleihung erhielt er eine zwölfminütige Standing-Ovation vom Publikum, ein Rekord in der Oscar-Geschichte.

Nach der Beendigung von *A Countess from Hong Kong* zeigte Chaplin immer häufiger körperliche Beschwerden, sein früherer robuster Gesundheitszustand wich einer zunehmenden Gebrechlichkeit. Charlie Chaplin starb zu Weihnachten, in der Nacht auf den 25. Dezember 1977, im Alter von 88 Jahren zu Hause in Corsier-sur-Vevey in der Schweiz.

In der Nacht vom 1. auf den 2. März 1978 wurde Chaplins Leichnam vom Friedhof in Corsier-sur-Vevey gestohlen. Die Täter wollten von den Hinterbliebenen 600.000 Schweizer Franken erpressen. Der Plan scheiterte, sie wurden gefasst, und Chaplins sterbliche Überreste wurden erneut beerdigt.

Chaplins Lebenswerk ist einzigartig, seine Filme werden heute noch weltweit vertrieben, im Fernsehen, in Konzerthallen oder in Spezial-Vorführungen in Kinos gezeigt. Seine Filmmusik kann man heute in Konzerten verschiedener Musikgenres hören, darunter auch in Vorführungen mit Live-Orchesterbegleitung weltweit.

Das Herrenhaus Manoir de Ban in Corsier-sur-Vevey, Chaplins letztem Wohnort, zählt heute zum Schweizer Kulturerbe und ist seit April 2016 als Museum »Chaplin's World« für die Öffentlichkeit zugänglich.

PERSÖNLICHES WACHSTUM

NIE VERGESSEN, WOHER MAN KOMMT

Die Eltern von Charlie Chaplin – Charles Chaplin Sr. (1863–1901) und Hannah Harriet Chaplin (1865–1928) – waren Künstler an den britischen Music Halls. Sein Vater war Sänger und Entertainer, seine Mutter Tänzerin und Sängerin. Kurz nach Charles' Geburt 1889 trennten sie sich. Charles und sein vier Jahre älterer Halbbruder Sydney (1885–1965) wuchsen bei der Mutter auf. Sie konnte wegen psychischer Probleme ihrem Beruf ab 1896 nicht mehr nachgehen. Chaplin Sr. kam seinen Unterhaltsverpflichtungen oft nicht nach, weswegen die Familie in großer Armut lebte.

Hannah arbeitete vierundfünfzig Stunden die Woche als Näherin an ihrer Maschine zu Hause und verdiente dabei ungefähr 7 Schillinge pro Woche. (Zu dieser Zeit lag die Armutsgrenze bei circa 20 Schillingen die Woche.) Von diesem geringen Verdienst musste Hannah die Miete bezahlen und den Lebensunterhalt der Familie bestreiten, was sie in die Armut zwang. Sie mussten in die schlimmsten Slums von London umziehen. Vorsichtig geschätzt gab es mehr als zwanzig verschiedene Adressen, wo Hannah und ihre Söhne zwischen Wohlstand 1893 und tiefster Armut 1903 wohnten.

Chaplins Erlebnisse und Erfahrungen in seiner Kindheit haben ihn stark geprägt: die Zeit in den Armenhäusern Londons, die Angst und Sorge um seine kranke Mutter (die verwirrt und unter Wahnvorstellungen leidend in geschlossene Anstalten gebracht werden musste), quälender Hunger (weil kein Geld für Lebensmittel da war), der Alkoholismus des Vaters, die enge Verbindung mit seinem Bruder (der sehr früh die finanzielle Verantwortung für die Familie übernehmen musste).

Er war noch keine sieben Jahre alt, als seine Mutter durch Überarbeitung als Näherin fast ihre ganze Sehkraft einbüßte und mit einem Nervenzusammenbruch ins Krankenhaus gebracht wurde. Charlie und Sydney bettelten sich durch, schliefen im Freien und hungerten, bis sie aufgelesen und zuerst ins Waisenhaus und danach in die Schule des Armenhauses gebracht wurden. In den Anstalten für Arme und Waisen in England waren in dieser Zeit immer noch die psychischen und physischen Grausamkeiten gang und gäbe, die Charles Dickens so lebendig beschrieben hat.

Nach vier Monaten beschloss die Heimleitung, Sydney in eine andere Einrichtung zu verlegen, wo er ein Handwerk lernen konnte. Das stieß den kleinen Charlie in tiefste Einsamkeit. Vierzehn Monate – so lange waren die beiden Brüder von ihrer Mutter getrennt – sind für ein Kind eine halbe Ewigkeit, und Chaplin betrachtete in der Erinnerung diese Zeit immer als eine der unglücklichsten seines Lebens.

Als Charles Chaplin Senior starb, war Charlie gerade zwölf Jahre alt geworden und konnte die Endgültigkeit des Todes noch gar nicht begreifen. Er sah nur das Leid und die Angst im Gesicht seiner Mutter, die nun ohne die (wenn auch unregelmäßige) finanzielle Unterstützung durch ihren Ex-Mann buchstäblich vor dem Nichts stand – mit zwei Söhnen, die sie liebten und brauchten.

Die drei wohnten in einer ärmlichen Dachkammer im trostlosen Lambeth, einem der ärmsten Bezirke Londons östlich der Themse. Dort schliefen sie auf einer Matratze auf dem Fußboden. Sie besaßen gemeinsam ein Paar Schuhe, das Charlie, Sydney und ihre Mutter abwechselnd tragen mussten. In der Dachkammer gab es kein Wasser, sie mussten sich in einem altern Zuber in einem nahe gelegenen Stall waschen. Hannah Chaplin musste beim Fleischer und Lebensmittelhändler um weitere Kredite flehen und Möbel und Ehering versetzen, um irgendwie (hungernd) überleben zu können. Mit etwas Glück gab es einen kostenlosen Teller Suppe in der Kirche.

Das letzte Jahrzehnt des neunzehnten Jahrhunderts war ein bitterer Kampf für die Chaplins und die anderen Bewohner von Lambeth. Es war die Zeit des viktorianischen Londons. Die Szenen, die Charles Dickens in *Oliver Twist* beschrieb, geben einen kleinen Einblick in die Welt des jungen Charlie.

Wenn die Essensvorräte wieder einmal völlig aufgebraucht waren, versuchte der kleine Charlie seine Mutter aufzuheitern und zum Lachen zu bringen, indem er Nachbarn, den Polizisten oder einen Droschkenkutscher nachahmte. Er wurde zum Hinterhof-Unterhalter der Kinder in der Nachbarschaft mit seinem Gesang und seinen Imitationskünsten. Manchmal tanzte er zu den Klängen eines Leierkastenspielers und ging anschließend mit dem Hut herum, um dann mit dem gesammelten Geld davonzulaufen, bevor der Leierkastenmann ihn erwischen konnte.

Schlau und halb verhungert wurde aus ihm ein zäher Straßenjunge. Bei aller Zähheit und Gerissenheit konnte er sich jedoch irgendwie seine empfindsame Seele bewahren. Neben den schmerzhaften Erfahrungen prägten auch die Menschen auf den Straßen Londons und die Abende im Theater – wenn er seine Mutter zu ihren Auftritten begleitete – seine Kindheit.

Wie schmerzhaft vieles davon für den kleinen Charlie gewesen sein musste, kann man kaum erahnen. Unübersehbar ist aber auch, wie sehr die schmerzhaften Erfahrungen sein Leben und seine Arbeit geprägt haben. Die Armut, die Entbehrungen, die Einsamkeit – all das finden wir in der ikonischen Figur des Tramps wieder. Als Mensch hat Chaplin in dieser unvorstellbar harten Schule des Lebens viel gelernt, was ihn später auszeichnete: Disziplin und Leistungsbereitschaft, Durchsetzungsvermögen und Mut. Nicht zu vergessen ist seine Sparsamkeit, die aber kein Geiz war. Auch auf dem Höhepunkt seines Erfolges fürchtete er nämlich, eines Tages möglicherweise die Gunst des Publikums wieder zu verlieren – und er wollte nicht in Armut enden. Und nicht zuletzt war die bedingungslose Liebe und Loyalität, die ihn mit seiner Mutter und seinem Bruder Sydney verbunden hat, ihm sein Leben lang ein Maßstab (siehe Kapitel »Zusammenhalt und Loyalität«).

Charlie Chaplin war der erste Weltstar und prägte das Medium Film wie kein anderer. Bereits in jungen Jahren Millionär war er ein begehrter Gast der Reichen und Mächtigen. Als Tramp war er Botschafter der Menschheit in Zeiten von Kriegen, Not und Hunger. Dafür wurde er von einem Millionenpublikum angebetet und regelrecht vergöttert. Doch selbst am Gipfel seines Ruhms blieb er im Herzen der Junge aus London, der Schauspieler sein wollte und nie vergessen hat, woher er gekommen ist und worauf es im Leben wirklich ankommt.

!

Erfolgstipp:
Vergessen Sie nie, woher Sie kommen, egal in welche neue Sphären Erfolg und Wohlstand Sie führen. Auch wenn Ihr Rückblick unangenehme oder schmerzhafte Erinnerungen mit sich bringt, die Sie lieber vergessen würden, seien Sie sich bewusst, dass diese Erfahrungen Sie geprägt und zu dem gemacht haben, wer Sie heute sind. Sie können die Früchte des Erfolges viel mehr schätzen und genießen, wenn Sie sich ab und zu auch die schweren Zeiten in Erinnerung rufen und an Ihre Anfänge denken, wo Sie vom Erfolg nur träumen konnten.

ES IST EGAL, WOHER MAN KOMMT

»Selbst als ich im Waisenhaus war, als ich die Straßen nach genug Essen absuchte, um am Leben zu bleiben, selbst dann hielt ich mich für den größten Schauspieler der Welt. Ich musste die überschäumende Fröhlichkeit empfinden, die aus absolutem Selbstbewusstsein stammt. Ohne sie geht man besiegt unter.«

Charles Chaplin

Eine Kindheit in Armut in den Slums von London, Hunger, eine nervenkranke Mutter, der Vater Alkoholiker, schreckliche Erlebnisse im Waisenhaus und Einsamkeit – das sind alles andere als gute Voraussetzungen für ein glückliches und erfolgreiches Leben. Es verwundert nicht, dass in diesen Zeiten viele Menschen versuchten, ihre Ängste und Nöte in Alkohol zu ertränken. Es ist eine enorme Leistung, dass Chaplin sich nicht nur sein inneres Kind bewahren, sondern unter diesen Rahmenbedingungen das Fundament für seine Weltkarriere legen konnte. Jeder kennt Geschichten von Menschen, die in Zeiten des Aufschwungs reich geworden sind. Chaplin ist eine der wenigen Ausnahmen, die es in Zeiten von Krisen, Krieg und Massenarbeitslosigkeit zu enormem Erfolg und Reichtum gebracht hat, aus einer Kindheit in den Londoner Slums. Er hat bewiesen, dass mit unerschütterlichem Selbstvertrauen, enormer Kraftanstrengung, großer Lernbereitschaft und unbändiger Disziplin große Erfolge möglich sind, egal woher man kommt. Chaplin konnte trotz der unbeschreiblichen Herausforderungen seit seiner frühesten Kindheit zum ersten Weltstar der Geschichte werden.

Die meisten Menschen unseres Kulturkreises wachsen in einem gewissen Wohlstand, ohne existenzielle Sorgen und mit guten Startvoraussetzungen, auf. Doch nur wenige wagen Großes, prägen die Gesellschaft oder schreiben Geschichte. Charlie Chaplin kam aus bitterster Armut und startete seine Karriere unter den denkbar schwierigsten Bedingungen. Er wurde zur Legende.

Erfolgstipp:
Vergessen Sie nie, woher Sie kommen. Aber es ist egal, woher Sie kommen. Ihre Vergangenheit kann Ihnen Lehrmeister und Kraftquelle sein, wenn Sie Ihre Erfahrungen transformieren und sich auf die Herausforderungen der Gegenwart und das Gestalten Ihrer Zukunft konzentrieren.

AUF SEIN HERZ HÖREN

Chaplins Kindheit war neben der bitteren Armut und der Liebe zu Mutter und Bruder vom Theater geprägt. Seine Eltern standen beide regelmäßig auf der Bühne – sein Vater als erfolgreicher Sänger und seine Mutter als Tänzerin und Sängerin. Die Welt des Theaters war folglich Teil seines Lebens.

Er und sein Bruder erlebten sie in allen Facetten: die Gesangsproben der Mutter in der engen Dachkammer, die sie zur Miete bewohnten, der Applaus eines begeisterten Publikums ebenso wie die Gnadenlosigkeit der Theaterbesucher, wenn ihrer Mutter manchmal auf der Bühne die Stimme versagte, der Ruhm der Bühnenstars und der Alkohol der Music Halls, der ihren Vater – und auch andere Künstler – schleichend umbrachte. All das prägte das Bild von Theater und Showbusiness, das sich der damals erst fünf Jahre alte Charlie machen konnte.

Sein erster Bühnenauftritt im Alter von fünf Jahren war völlig ungeplant und fand in einer emotionalen Ausnahmesituation statt. Seine Mutter war damals gesundheitlich schon angeschlagen, aber es gelang ihr, ein Engagement an der Canteen in Aldersshot zu bekommen. Während ihres Auftrittes versagte ihr plötzlich die Stimme. Das Publikum, das hauptsächlich aus Soldaten bestand, die für ihre Grobheit berüchtigt waren, reagierte sofort mit Ausfälligkeiten. Hannah verließ geschockt die Bühne.

Der Manager, der einen Tumult des Publikums befürchtete, hatte zuvor beobachtet, wie der kleine Charlie hinter der Bühne für seine Mutter diverse Nummern zum Besten gegeben hatte. Kurzerhand schnappte er den kleinen Jungen und brachte ihn einfach auf die Bühne, wo er geblendet vom Scheinwerferlicht und in rauchgeschwängerter Luft spontan und ungehemmt den Song »Jack Jones« sang. Das Publikum war begeistert und warf Geld auf die Bühne, was den kleinen Charlie sehr freute. Inmitten des täglichen Lebens in Armut und Entbehrungen roch er in diesem Moment wahrscheinlich zum ersten Mal den Duft von Ruhm und Freiheit. Als der 5-Jährige verkündete, seinen Auftritt erst fortzusetzen, nachdem er alle Münzen eingesammelt hätte, rief das weiteren Beifall hervor, und es regnete noch mehr Geld. Der kleine Charlie sang, tanzte und betätigte sich als Imitator, bis seine Mutter ihn zurück hinter die Kulissen holte. Die Bühnenkarriere seiner Mutter endete an diesem Abend.

Mit der Gesundheit von Hannah ging es von da an weiter bergab. In den Zeiten, in denen sie als Näherin arbeiten konnte, kamen sie – wenn auch sehr bescheiden – über die Runden. Wenn sie hingegen ins Krankenhaus oder in die Anstalt musste, kehrten Not und Hunger zurück. Sein Halbbruder Sydney war damals gerade einmal 13 Jahre alt und trug viel finanzielle Verantwortung für die kleine Familie.

Hannah unterhielt ihre beiden Söhne, indem sie ihnen ihre alten Music-Hall-Nummern vorführte und sang. Der kleine Charlie liebte das pantomimische Talent seiner Mutter und lernte viel von ihr. Auch wenn er damals regulär die Schule besuchte, gehörte sein Herz schon längst der Bühne. Auf Empfehlung seines Vaters bekam Charlie im Alter von neun Jahren seine Chance – er wurde in die Gruppe »Eight Lancashire Lads« aufgenommen und ging auf seine erste Tournee.

Danach ergriff er zahlreiche Gelegenheitsjobs, denn er war gezwungen, die Schulausbildung abzubrechen, um zum Unterhalt der Familie beitragen zu können. Weiterhin träumte er aber von einer Zukunft auf der Bühne. Er hatte begonnen, seinen Vater und dessen Theaterkarriere zu idealisieren. Hannah fürchtete, Charlie würde eines Tages als Säufer in der Music Hall enden, genau wie sein Vater. Deshalb rang sie ihm das Versprechen ab, nicht wieder in die Music Hall zu gehen.

> »Paradoxerweise befreite der Wahnsinn, der Hannah Chaplin aus ihrer elenden Existenz erlöste, ebenso barmherzig Charlie Chaplin von der Aussicht auf ein langes Leben als Gelegenheitsarbeiter und erlaubte es ihm, seine unterbrochene Karriere als Kinderdarsteller wieder aufzunehmen. Bereits wenige Wochen nach Hannahs zweiter Einweisung ins Irrenhaus stand er nach über zwei Jahren wieder auf der Bühne. Rein formal betrachtet, brach er dennoch das Versprechen nicht, das er seiner Mutter gegeben hatte, nicht wieder an die Music Hall zu gehen. Denn er entschied sich diesmal für das traditionelle Sprechtheater.«[2]

!

Erfolgstipp:
Niemand weiß, wann und wo er seiner Bestimmung begegnet. Egal wann und wo Ihnen das Leben eine Chance bietet, Ihre Berufung zu spüren, hören Sie auf Ihr Herz. Viele Menschen haben nicht den Mut dazu und geben den Umständen zu viel Macht, sie daran zu hindern, ihrer Bestimmung zu folgen und ihr Leben in Erfüllung zu leben.

Wer nicht in Erfüllung lebt, sucht oberflächliches Vergnügen, um den Schmerz der inneren Leere zu übertünchen. Hören Sie auf Ihr Herz und haben Sie den Mut, Ihrer Bestimmung zu folgen. Denn nur so leben Sie in Erfüllung und können dadurch auch andere inspirieren und bereichern.

SICH AUSZEITEN NEHMEN

So intensiv Chaplins Arbeit auch war, er nahm sich auch längere Auszeiten. Während die meisten Menschen geregelte Arbeitszeiten und regelmäßige kürzere Auszeiten und Urlaube bevorzugen, war Chaplin ein Meister der Konzentration und der völligen Hingabe an seine Arbeit – oft über viele Monate hinweg.

Wenn ein Projekt erfolgreich abgeschlossen war oder eine Filmpremiere stattgefunden hatte, stürzte sich Chaplin oft gleich wieder in die Arbeit, da er bereits die nächste Idee im Kopf hatte, die realisiert werden wollte. Nicht selten war er dann jedoch so erschöpft, dass er einige Tage das Bett nicht verließ, um wieder zu Kräften zu kommen. Auf der einen Seite war Chaplin extrem darin, so lange zu grübeln, bis sich eine gewünschte Idee einstellte, ja er wollte manchmal eine Eingebung regelrecht erzwingen, auch wenn es Stunden dauern sollte. Auf der anderen Seite saugte er im Alltag wie ein Schwamm automatisch neue Inspirationen auf.

Chaplin war sich aber auch bewusst, dass der kreative Geist Ruhe und Stillstand benötigte, um neue Ideen zu schöpfen. So hatte er nach der Premiere von *City Lights* im Januar 1931 beschlossen, sich eine Auszeit zu nehmen. Als er Hollywood verließ, konnten weder er noch seine Begleiter oder seine Freunde ahnen, dass er erst ein Jahr und vier Monate später zurückkehren würde. Er wollte zunächst nach den Premieren in New York und London einen kurzen Urlaub in Europa machen.

»Nach zwei katastrophalen Ehen und einer Reihe von ergebnislosen Liebesaffären hatte er zweifellos sein seelisches Gleichgewicht verloren. [ ] Mit Sicherheit war er beruflich verunsichert. Vier Jahre nach der endgültigen Etablierung des Tonfilms hatte er das Kunststück fertiggebracht, einen Stummfilm zu machen; aber würde ihm das noch einmal glücken?«, schrieb David Robinson in *Chaplin. Sein Leben, seine Kunst.*

Chaplin selbst erklärte nach seiner Reise: »Ich war etwas apathisch. Die Enttäuschungen von Liebe, [der] Ruhm und [der] Reichtum hatten mich etwas gelähmt«, schrieb Chaplin 1933 in seinem Buch *A Comedian Sees the World.*

Er brauchte Abstand von seinem Leben in Hollywood und bereiste Europa. Auch wenn Chaplin aufgrund seiner für damalige Zeiten enormen Bekanntheit sicher nicht so einfach Ruhe und Stille genießen konnte, tat ihm die Reise gut.

Er wollte das London seiner Jugendzeit wiedersehen und nahm seinen ganzen Mut zusammen, um etwas zu tun, was er 1921 nicht über sich gebracht hatte: Er besuchte die Hanwell Schools, wo er die einsamsten Monate seiner Kindheit verbracht hatte. Er erschien dort allein und ohne Vorankündigung. Als er die Schule betrat, herrschte sofort helle Aufregung. Dieses Erlebnis ist Chaplin sehr nahegegangen, er beschrieb es später als eines der bewegendsten Erlebnisse seines Lebens.

Chaplin suchte Emotionen und sich selbst, wie er offen sagte. Die Erfahrungen und Eindrücke seiner sechzehn Monate dauernden Reise gaben ihm den gewünschten Abstand zu Hollywood, und er tankte Kraft für eine neue Zeit, die vor ihm lag. Hollywood hatte sich nämlich in den letzten Jahren komplett verändert. Die Stummfilmzeit – die »Ära des goldenen Schweigens« – war vorbei, neue Techniken machten sich breit, solides Handwerk und Pioniergeist wurden durch eine rationalisierte Industrialisierung verdrängt.

Chaplin fühlte sich nach seiner Rückkehr in Hollywood zuerst desorientiert und einsam, aber es folgten schöne und erfolgreiche Jahre, privat wie beruflich. Er hatte eine glückliche Zeit mit Paulette Goddard, mit der er bis 1943 verheiratet war, er schuf sein Meisterwerk *Modern Times* und begann sein Leben intensiver zu genießen. Ohne ans Sparen zu denken, erwarb er beispielsweise im Frühjahr 1933 eine 12-Meter-Jacht, die ihm fortan zur Erholung diente.

!

Erfolgstipp:
Egal wie sehr Sie Ihrer Berufung folgen, Ihre Lebensmission leben oder vor Begeisterung brennen, nehmen Sie sich regelmäßig eine Auszeit. Denn Sie brauchen Zeit für Stille und Reflexion – mindestens einmal im Jahr auch eine längere.

Als tägliche kleine Auszeit können Meditation oder Morgensport (ohne Musik im Ohr) dienen. Als längere Auszeiten bieten sich Urlaube oder längere Reisen (ohne akribisch geplante Programmpunkte) an, um neue Energie und Kraft zu tanken sowie dem Kopf die Stille zu ermöglichen, die er benötigt, um neue Eingebungen und Inspirationen zuzulassen. Besonders erfolgreiche Menschen berichten von mehrwöchigen Pilgerreisen, etwa auf dem Jakobsweg, oder längeren Aufenthalten in Klöstern.

EINEN KLAREN VERSTAND BEHALTEN

Seit seinen frühesten Anfängen zeichnete Chaplin sich durch extreme Disziplin aus. Im Lauf der Jahre kamen zu seinem Einsatz vor der Kamera immer mehr Bereiche dazu: Er schrieb die Drehbücher, führte Regie, wählte die Schauspieler aus, verantwortete den Schnitt, komponierte die Musik und kümmerte sich als Produzent um alles Organisatorische. Diese Mammutaufgabe, für die auch in der damaligen Zeit üblicherweise ganze Teams verantwortlich waren, verlangte Chaplin viel ab. Dass die Nachwelt ihn als Multitalent und Genie bezeichnet, lässt dennoch kaum erahnen, was er damals geleistet hat. Neben seiner körperlichen Leistungsfähigkeit achtete Chaplin sehr auf seine mentale Gesundheit und seinen klaren Verstand, wie er auch in seiner Autobiografie schreibt:

> »Ich habe mir niemals viel aus der Anregung durch Alkohol gemacht, ja ich war sogar abergläubisch in Bezug auf künstliche Aufputschung jeder Art, weil ich meinte, dass sie mir bei meiner Arbeit den Scharfblick nehmen könnte. Nichts erforderte so sehr einen wachen Geist, wie das Ersinnen und Inszenieren eines Lustspiels. Was den Sex angeht, so lösten sich diese Gefühle meist in meiner Arbeit auf. [ ] Ich führte ein diszipliniertes Leben und nahm meine Arbeit ernst. Balzac glaubte, dass eine Liebesnacht den Verlust einer gelungenen Seite in einem Roman bedeutete, und so glaubte ich, dass sie den Verlust eines Tages erfolgreicher Arbeit im Atelier zur Folge hätte.«[3]

!

Erfolgstipp:
Einen klaren Verstand zu behalten kann, aber muss nicht Askese bedeuten. Einsatz und Disziplin bringen Erfolge. Erfolge soll man genießen. Es ist wichtig, dass Sie sich von den Früchten Ihrer Arbeit auch etwas gönnen. Lassen Sie aber nicht zu, dass oberflächliche Vergnügungen Sie von der Erfüllung ablenken, die Sie verspüren, wenn Sie Ihrer Lebensmission folgen. Es ist schön und angemessen, einen großen Erfolg zum Beispiel bei einem guten Abendessen mit Freunden oder Geschäftspartnern zu würdigen und zu genießen.

Dankbarkeit und Genuss schließen Maßlosigkeit und Rauschzustände aus. Eine durchzechte Nacht untergräbt nicht nur den Selbstwert, sondern vernebelt geistige Klarheit und Kreativität. Je erfolgreicher Sie sind, umso mehr Annehmlichkeiten, Luxus und Vergnügungen werden möglich. Genießen Sie das Leben, aber behalten Sie einen klaren Verstand. Leben Sie Ihre Erfüllung, und lassen Sie sich von oberflächlichen Vergnügungen nicht ablenken.

LEBENSWERK = ARBEIT = SEIN

Die größten Genies, Künstler und Pioniere der Menschheit haben sich stets dadurch ausgezeichnet, dass sie ihrer inneren Berufung gefolgt sind, dass sie ihr tägliches Tun und ihre Arbeit als Teil ihrer Lebensmission gesehen haben. Wahrhaft große Errungenschaften und Leistungen sind kaum realisierbar, wenn man nicht in seinem Tun aufgeht und die klassische Trennung von »Arbeit« und »Freizeit« auflöst, weil beides zu einem Leben verschmilzt, das der persönlichen Lebensmission folgt. Wer seiner Lebensmission folgt, findet innere Erfüllung und sucht nicht mehr Ablenkung in oberflächlichen Vergnügungen.

Nach der Fertigstellung von *The Idle Class* (1918) war Chaplin sehr erschöpft und entschloss sich, Urlaub in Europa zu machen. Er suchte Ruhe und Erholung, was angesichts der Menschenmassen, die seine Nähe suchten, nicht einfach war. Er besuchte Orte seiner Kindheit – unter anderem Pownall Terrace 3 und Kennington Road 287, den Kennington Park und das Postamt, wo immer noch sein Sparguthaben in Höhe von 60 Pfund lag. Kindheitserinnerungen mischten sich mit Erschöpfung und Melancholie, ruhige Momente, in denen er unerkannt durch Gassen schlendern konnte, mit Momenten der Aufruhr, in denen ihm die Massen zujubelten. Es gab Treffen mit alten Freunden und gesellschaftliche Aktivitäten. Nach Aufenthalten in Berlin und Paris verbrachte er die letzten Tage seiner Europa-Reise wieder in London, bevor er zurück nach Amerika reiste.

Chaplin beschrieb seine Erinnerungen an diese Tage in seiner Autobiografie:

> »Ich hatte jetzt den Zustand erreicht, in dem ich erkannte, dass ich, bliebe ich länger in London, mir faul und unnütz vorkommen würde. Ich verließ England zwar ungern, aber ich hatte alles erlebt, was Berühmtheit mir verschaffen konnte. [ ] Ich ließ auch meine Vergangenheit zurück. Der Besuch in Kennington, Pownall Terrace 3, hatte etwas in mir abgeschlossen. Nun war ich zufrieden, nach Kalifornien zurückzukehren, um wieder zu arbeiten. In der Arbeit wusste ich, wo ich stand – alles andere war unwirklich.«[4]

Chaplin ging in seinem Tun auf, wie alle Genies der Menschheit. Sein Tun und sein Lebenswerk waren die Essenz seines Lebens.

> **!**
>
> **Erfolgstipp:**
> Arbeiten Sie noch, um Geld zu verdienen? Oder lieben Sie, was Sie tun?
>
> Wenn Sie jeden Tag aufstehen, um Geld zu verdienen, und Ihr Leben in Beförderungen planen und nur an Wochenenden und Urlauben leben, dann wird es Zeit aufzuwachen. Nehmen Sie sich eine lange Auszeit in Stille und hören Sie in sich hinein, lesen Sie inspirierende Bücher oder suchen Sie Rat bei Menschen, die Ihnen helfen können, Ihre verborgene Berufung zu finden.
>
> Gibt Ihnen Ihr Tun und Streben tiefe innere Befriedigung und Erfüllung, sodass Geld und äußerer Erfolg zum Nebenprodukt werden? Dann haben Sie Ihre Lebensmission gefunden, geben Ihrem Leben einen Sinn und sind damit eine Bereicherung für die Welt.

UNSER DASEIN HAT BEDEUTUNG

Chaplin strebte danach, mit all seinem Tun seinem Leben eine Bedeutung zu geben und das Leben von anderen Menschen zu bereichern. Wenn man sich die Filme ansieht, bei denen er jeden Aspekt der Entstehung in der Hand hatte, dann kann man den Philosophen Chaplin gar nicht übersehen. Wer an seine berühmte Schlussrede in *The Great Dictator* denkt, erkennt das sofort. Nicht übersehen werden sollten aber auch die vielen anderen Szenen sowie (in seinen späteren Filmen) gesprochenen Worte, die dem Zuschauer nicht nur einen tiefen Einblick in Chaplins Gedanken und Seele offenbaren, sondern auch dazu anregen, über sich und das Leben nachzudenken.

Das steht nicht im Widerspruch mit den unzähligen Gags und Szenen, mit denen der Schauspieler und Filmemacher Chaplin einfach seine Zuschauer unterhalten und ihnen eine schöne Zeit schenken wollte. Viele seiner besten und berühmtesten Gags lassen keinerlei tiefere oder gar philosophische Bedeutung erkennen. Und doch steckten in seinem Wesen immer – untrennbar verbunden – der Filmemacher und der Philosoph. Vergleichbar ist das vielleicht mit Mark Aurel, der römischer Kaiser und Philosoph war und in dessen Leben man bis heute beide Aspekte verwoben sieht.

Chaplin versah im Zuge seiner Entwicklung vom angestellten Schauspieler zum unabhängigen Filmemacher seine Werke mit immer mehr Sinn und Bedeutung. Es gelang ihm meisterhaft, Filme zu erschaffen, die weltweit ein Millionenpublikum zum Lachen brachten, und ihnen dennoch einen tieferen Sinn, Bedeutung und philosophische Gedanken einzuweben, ohne belehrend zu wirken. Als er an seiner Autobiografie arbeitete, hielt er seine persönliche Sicht fest:

»Ich kann es nicht glauben, dass unser Dasein ohne Bedeutung oder zufällig ist, wie die Wissenschaft uns das sagen will. Leben und Tod sind zu eindringlich und zu unerbittlich, um bloße Zufälligkeiten zu sein. [ ] Weder glaube ich etwas, noch glaube ich es nicht. [ ] Man kann der Wahrheit nicht immer mit Vernunft nahekommen. [ ] Es gibt Dinge, die über den Verstand hinausgehen. Wie können wir uns den tausend-milliardsten Teil einer Sekunde vorstellen? [ ] Da ich älter werde, beschäftige ich mich immer mehr mit dem Glauben. Wir leben mehr aus dem Glauben, als wir annehmen, und wir erreichen mehr durch ihn, als wir wissen. Ich bin der Überzeugung, dass Glaube der Vorläufer all unserer Ideen ist. Ohne Glauben wären wir niemals in der Lage gewesen, Hypothesen oder Theorien zu entwickeln, Wissenschaften oder Mathematik hervorzubringen. Glaube ist, so meine ich, eine Ausdehnung des Geistes. Er ist der Schlüssel, der das Unmögliche aufschließt. Den Glauben zu leugnen, würde bedeuten, sich selbst zu widerlegen und damit den Geist, der alle unsere schöpferischen Kräfte hervorbringt.

Ich glaube an das Unbekannte, an alles, was der Verstand nicht begreift. Ich glaube, dass alles, was außerhalb unserer Begriffsmöglichkeiten liegt, in anderen Dimensionen eine einfache Tatsache ist, und dass im Bereich des Unbekannten unendliche Kraft zum Guten liegt.«[5]

> **!**
>
> **Erfolgstipp:**
> Wenn Sie Ihre Lebensmission gefunden haben, dann haben Sie Ihrem Leben eine Bedeutung gegeben – Sie leben glücklich und erfüllt. Dies ist das notwendige Fundament, um der Welt wahrhaft zu dienen und anderen von Nutzen zu sein. Vielleicht ergibt sich aus Ihrem Tun von selbst eine Bedeutung für andere. Falls nicht, finden Sie heraus, wie Sie mit Ihrem Tun und Wirken anderen helfen und der Welt dienen können.

DAS KIND IN SICH BEWAHREN

Eine von Chaplins besonderen Gaben war, dass er sich trotz seiner schweren Kindheit und dem enormen Druck, sich schnell in der Welt der Erwachsenen behaupten zu müssen, um Geld zu verdienen, sein inneres Kind bewahren konnte. Die Aufmerksamkeit, mit der er durchs Leben ging, und seine kindliche Neugier, mit der er Neues lernte und weiterentwickelte, prägten seine Filme. Die Freizeit verbrachte er im sportlichen Spiel, musizierend oder humorvoll und spaßig.

Der große Erfolg von *The Kid* basiert neben vielen Elementen auch auf der Freundschaft zwischen Chaplin und dem 5-jährigen Jackie Coogan, der neben ihm in der Hauptrolle brillierte. Jackie war nicht nur ein Naturtalent und einer der ersten Kinderstars der Filmgeschichte, sondern in erster Linie ein Kind. Ein Elternteil von Jackie war stets bei den Dreharbeiten dabei. Mrs. Coogan schilderte später ihre Erinnerungen an die Zeit in Chaplins Studio. Chaplin übernahm sowohl im Film als auch privat gegenüber Jackie eine väterliche Rolle. Die beiden gingen im Orangenhain spazieren, spielten, und Chaplin genoss es, Jackie die Wunder der Natur zu erklären. Was Jackie betraf, so war ihm Chaplins Bedeutung gar nicht richtig bewusst.

Chaplin wurde in Jackies Gesellschaft zum Kind. Seine Fähigkeit, das Leben vom kindlichen Standpunkt aus zu sehen, war ein Teil seiner Begabung und auch ein wesentlicher Charakterzug des Tramps.

Thomas Burke schrieb 1932 in seinem Essay *A Comedian* das eindringlichste und scharfsinnigste Porträt, das jemals über Chaplin geschrieben wurde. Diese fünfzig Seiten sind ein wesentlicher Schlüssel zum Verständnis von Chaplin:

> »Er ist jetzt (1931) zweiundvierzig Jahre alt, kann aber seinem Alter nicht gerecht werden, und so wird es immer bleiben. In seiner Haltung und seinen Interessen orientiert es sich immer an der Jugend und an allem, was jung ist. Er kümmert sich nicht um die Geschichte; sein geistiges Zuhause ist seine eigene Zeit, und sein Geist wird von nichts gefesselt, was jenseits seiner eigenen Jugend liegt. ›Ich komme mir immer wie ein Kind vor‹, sagte er einmal zu mir, ›unter lauter Erwachsenen [ ]‹.«[6]

!

Erfolgstipp:
Bewahren Sie sich Ihr inneres Kind: Ihre Neugierde, Ihr Staunen, Ihre Freude und Ihre Unermüdlichkeit im Lernen und Probieren.

Sein inneres Kind zu bewahren bedeutet nicht, kindisch zu sein, sondern die Welt – sowohl im Alltag als auch in entscheidenden Momenten – mit Freude und geistiger Offenheit zu sehen. Ein Kind staunt über einen Sonnenuntergang oder einen intensiven Sternenhimmel genauso wie über einen Wolkenkratzer. Während Erwachsene oft nach dem ersten Scheitern (oder bereits davor) aufgeben, sind Kinder unermüdlich und machen immer weiter, auch wenn Sie Hunderte Male hinfallen. Bewahren Sie sich Ihr inneres Kind Ihr ganzes Leben lang!

SCHMERZ IN INSPIRATION VERWANDELN

Chaplins Kindheit in Armut, Hunger und oft Einsamkeit haben ihn sehr geprägt. Die nervenkranke Mutter, der alkoholkranke Vater, die Trennung vom Bruder in harten Monaten im Waisenhaus – seine Kindheitserinnerungen prägten sein ganzes Leben, und einige konkrete Erlebnisse finden wir in seinen Filmen wieder. Chaplin verdrängte seine Schmerzen nicht – wie viele andere – oder ertränkte sie gar in Alkohol, sondern er transformierte sie in seiner Arbeit. Manche besonders schmerzhaften Erlebnisse nutzte er gar zur Inspiration.

Der kleine Charlie sah seinen Vater sehr selten, obwohl sie nur einige Minuten voneinander entfernt wohnten. Später erinnerte sich Chaplin mit erschütternder Genauigkeit an diese Begegnungen mit seinem betrunkenen Vater. Aber diese Szenen, die Charlie in seiner Kindheit sorgfältig in seiner Erinnerung abgelegt hatte und später in seinen Werken verwendete, zeigen Betrunkene in Bewegung. Es sind äußerst sorgfältige Studien der subtilen Veränderung des Gangs und der Haltung, die ihm als Vorlage für die Choreografie seiner zukünftigen Auftritte als Betrunkener dienen sollten. Es ist daher nicht überraschend, dass sich der junge Chaplin seine Eintrittskarte nach Hollywood damit verdient hat, mit welcher Kunstfertigkeit er Betrunkene spielte.

Smile

Es war Chaplins persönliche Überzeugung, dass Mut auch bedeute, in schweren Zeiten das Lachen nicht zu verlernen, um optimistisch seine Zukunft in die Hand zu nehmen. Seit frühester Kindheit brauchte er viel Mut, um sich allen Herausforderungen zu stellen und bei aller Einsamkeit und allem Schmerz positiv in die Zukunft zu blicken. Chaplins großartiger Song *Smile* steht symbolisch für seine Botschaft, dem Schmerz und den Widrigkeiten mit einem Lächeln zu begegnen und den Mut zu haben, aus allem das Beste zu machen.

Diesen Song komponierte er zwar erst für *Modern Times* (1936), aber diese Einstellung verkörpert Chaplins Filmfigur, der Tramp, seit seinen Anfängen. Chaplin hat es bereits 1925 so formuliert: »Das Wichtigste an dem kleinen Kerl ist, dass er, egal wie tief er gesunken ist, ganz gleich, wie sehr es den Schakalen gelungen ist, ihn zu zerreißen, doch immer noch ein Mann von Würde bleibt.«

Wenn einem das Leben einen Tritt in den Hintern versetzt, dann rappelt man sich auf, klopft sich den Staub ab und tritt beherzt zurück. Und vergisst nie zu lächeln. Vielleicht ist das auch der Grund, warum die Filmfigur des Tramps bis heute als archetypische Gestalt überlebt hat und sich in die Ränge von Figuren wie Don Quixote einreiht.

Erfolgstipp:
Wenn Ihnen das Leben eine Zitrone gibt, machen Sie Limonade daraus. Überlegen Sie sich bei jedem Versagen, jedem Schmerz und jeder Enttäuschung, wo möglicherweise ein Geschenk oder eine Chance in dieser Erfahrung verborgen ist.

Das können alltägliche Situationen sein, in denen dieser veränderte Fokus den Unterschied zwischen Frust und Freude ausmacht. Wenn beispielsweise im Winter Ihr Auto nicht anspringt, liegt zwischen dem Ärger über einen Fußmarsch in der Kälte und der Freude über einen besinnlichen Spaziergang durch den Schnee nur die Entscheidung, welche Sichtweise Sie wählen. In entscheidenden oder lebensverändernden Situationen kostet so ein Perspektivenwechsel größere Kraftanstrengung, sowohl im Moment der Entscheidung als auch im Bestreben, die gewählte Sichtweise beizubehalten. (Vertiefend sei hier das Buch *Stoizismus und die Kunst glücklich zu sein* von Donald Robertson empfohlen.)

FITNESS UND GESUNDHEIT

Als Kind war Charlies körperliche Gesundheit sehr gefordert. Das Leben in den Slums von London war nicht gesund: verrußte Luft, Kälte, Hunger und Mangelernährung. Da die kleine Dachkammer nicht zum Verweilen einlud, war Charlie oft unterwegs und in Bewegung.

Als die gröbste Armut überwunden war, gehörte der Hunger der Vergangenheit an, und mit seiner Ausbildung zum Holzschuhtänzer begann eine jahrelange Zeit des Lernens und Trainierens in Bewegung, Tanz und Akrobatik. Als junger Mann schenkte Chaplin der Tatsache kaum Beachtung, dass er ein akrobatisches Naturtalent mit hervorragenden Koordinationsfähigkeiten war. In der Pantomime lag das Augenmerk – mangels gesprochenem Wort – in Bewegung und Akrobatik. Der junge Charlie lernte schnell.

Für jeden, der das Handwerk der Komödie ernsthaft erlernen wollte, hatte eine Tournee durch die Provinz einen großen Vorteil – zwischen den Aufführungen hatte man dort jede Menge Zeit, um seine Fertigkeiten zu üben. Dieses Training in Ausdauer, Kraft und Körperbeherrschung ist mit klassischem Ballett vergleichbar. Wie das Ballett seine Pirouetten und Arabesken hat, bestanden die Grundlagen der Clownkunst aus einem Standardrepertoire von Rutschern, Überschlägen und Salti.

»Wenn ein erstklassiger Slapstick-Komödiant auf der komischen Bühne einer Music Hall auf die sprichwörtliche Bananenschale trat, musste er in der Lage sein, auf Zuruf rückwärts zu rutschen, auf die Nase oder mit ausgestreckten Beinen auf den Hintern zu fallen – und

> zwar mit unbeweglicher Miene oder erstauntem Gesicht – und allgemein seinen Körper mit mindestens der gleichen schwebenden Schwerelosigkeit durch den Raum zu bewegen wie eine Primaballerina.«[7]

Mit neun Jahren lernte Chaplin als Neuling, die Schritte und Abfolgen der Eight Lancashire Lads mit enormer Präzision auszuführen. Als 14-Jähriger probte er mit derselben Präzision, bis er bei seinen Auftritten, Abgängen und Bewegungen auf der Bühne in *Sherlock Holmes* mit anmutigen Bewegungen seine Rolle entfaltete. Doch nach seiner Rückkehr an die Music Hall (siehe Kapitel »Bescheidenheit«) war es mit Eleganz und Anmut vorbei. Nun wies man Charlie an, bewusst tölpelhafte Bewegungen zu spielen. Chaplin entwickelte in dieser Zeit ganz neue Fertigkeiten.

> »Man braucht große Kunstfertigkeit und hervorragendes Timing, wenn man einen Ausrutscher, Sturz oder Zusammenprall exakt mit dem Rhythmus der Kapelle im Orchestergraben synchronisieren wollte. So musste man völlig ahnungslos, mit der Nase voran und ohne den Kopf zu drehen, gegen eine Mauer rennen und dabei komisch wirken. Erst wenn man diese Grundlagen aus dem Effeff beherrschte, konnte man sich daran machen, den Auftritt zu ›verzieren‹, und zu improvisieren, indem man noch eigene, selbst erfundene Gags draufsetzte, wie zum Beispiel beinahe reflexartig den Hut zu lüpfen.«[8]

Die Kombination von Chaplins akrobatischem Naturtalent und seinem Training legten bereits in jungen Jahren das Fundament für Fitness und körperliche Hochleistungen, die er in vielen seiner Filme zum Einsatz brachte. Auch in seiner Freizeit hielt er sich fit, er spielte Tennis, fuhr Ski und schwamm gerne.

Erfolgstipp:
Um voller Energie und Ausdauer Ihr Leben zu leben, Ihr Lebenswerk zu erschaffen und die Früchte Ihrer Arbeit zu genießen, brauchen Sie Gesundheit und Kraft. Geistige Kreativität, mentale Ausdauer und körperliche Schaffenskraft sind mit einem kranken oder kraftlosen Körper nicht möglich.

Achten Sie auf gesunde Ernährung, meiden Sie Alkohol und Nikotin. Erwägen Sie eine ausgewogene vegetarische Ernährung. Sie wird Ihnen mehr Energie und Kraft geben. Meiden Sie Zucker so weit als möglich, und Sie werden erleben, wozu Ihr Körper und Ihr Geist fähig sind. Integrieren Sie Ausdauer- und Kraftsport in Ihre Tagesroutine, und betrachten Sie Ihren Körper und Ihren Geist als das wichtigste Investment Ihres Lebens.

NICHT IN DEN RUHESTAND GEHEN

Alle großen Genies der Geschichte und alle Erfolgreichen der Gegenwart verbindet vieles in ihrer Lebensplanung. Es ist unübersehbar, dass hier die Begriffe »Ruhestand« oder »Rente« nicht existieren. Wer seinem Leben Bedeutung gibt und seiner Lebensmission folgt, der wird es im Alter vielleicht etwas ruhiger angehen, aber »Ruhestand« ist ein Fremdwort. Auch Chaplin lebte nach diesen Maßstäben und war bis zu seinem Lebensende kreativ und schöpferisch tätig.

Nachdem ihm die Vereinigten Staaten im September 1952 die Wiedereinreise untersagt hatten, verbrachten die Chaplins einige Zeit in London, wo er seiner Frau Oona die Orte seiner Kindheit zeigte. Oona reiste für zehn Tage allein nach Amerika, um das Vermögen so weit wie möglich aufzulösen. Danach reiste die Familie weiter in die Schweiz und begann, eine adäquate Bleibe zu suchen. Nach wochenlanger Suche entdeckten sie das Manoir de Ban im schweizerischen Corsier-sur-Vevey. Das herrliche Anwesen mit Blick auf den Genfer See wurde zuerst angemietet, jedoch kurz darauf gekauft.

Chaplin hatte den Schock des unfreiwilligen Exils langsam verkraftet und war bereit, Pläne für ihr neues Leben zu machen. Er beschloss, seine Arbeit aufzugeben und sich ins Privatleben zurückzuziehen. Nach mehr als 50 Jahren intensiver Arbeit wollte er die Früchte seiner Mühen genießen und seine Zeit uneingeschränkt seiner jungen Familie widmen. So dachte er zumindest im Januar 1953.

Hollywood war weit weg, die Schulfrage der Kinder war geklärt – zum ersten Mal in ihrer Ehe konnte sich das Ehepaar Chaplin vollkommen entspannen. Eine Zeit lang war er zufrieden damit, spazieren zu gehen, Klavier zu spielen, zu malen, zu lesen und Zeit mit seiner Familie und Freunden zu verbringen. Diese Idylle wurde nur gelegentlich unterbrochen von häuslichen Ärgernissen wie unfähigen Handwerkern oder Lärm in der Nachbarschaft.

> »Die ersten beiden Jahre seines Exils in der Schweiz spielte Charlie Chaplin die Rolle des ländlichen Gutsherrn. Weitab vom Rampenlicht, plante er mit dreiundsechzig die Dinge zu tun, von denen Männer während ihres Berufslebens träumen und die sie dereinst nach ihrer Pensionierung tun wollen. Mit fünfundsechzig hatte er sie alle getan.
>
> Oona bemerkte die Warnzeichen, als Chaplin mürrisch und gereizt zu werden begann.
>
> Sie frühstückten immer zusammen, und es ist die Zeit des Tages, wo Charlie bei einem Glas Orangensaft, bei Eier auf Speck oder Räucherlachs, Toast, Marmelade und Kaffee – einer der wenigen Engländer, der Tee nicht mag – gern herumtrödelt und Oona so lange als möglich mit Gesprächen festhält.
>
> Für Oona kam es nicht überraschend, als Chaplin ihr eines Tages während ihres gemeinsamen Frühstücks eröffnete: ›Liebes, dieses Nichtstun bringt mich um. Ich werde wieder arbeiten.‹«[9]

Als er 1954 mit dem Skript zu *A King in New York* begann, war Chaplin 65 Jahre alt. Er arbeitete und feilte bis Ende 1955 daran.

> »Man darf Chaplins Mut nicht unterschätzen: In einem Alter, in dem die meisten Menschen sich schon aufs Altenteil zurückgezogen haben, nahm er einen Film in Angriff; unter gänzlich neuen und für schöpferische Arbeit viel ungünstigeren Bedingungen als die, an die er vierzig Jahre lang gewöhnt gewesen war. Er war nicht mehr Herr seines eigenen Studios, mit vertrauten Handwerkern, die seine Lau-

> nen kannten und entsprechend reagierten. Epstein hatte als einziger Mitarbeiter des Teams das Studio in Hollywood gekannt. Es gab keine endlosen Skriptbesprechungen mehr mit der Gelegenheit, Ideen bei vertrauten Mitarbeitern anzutesten. Schon gar nicht konnte man sich den Luxus früherer Zeiten leisten, zu unterbrechen und nachzudenken und Szenen nochmals anders zu probieren. Die langen Pausen zwischen den Produktionszeiten hatten schon seit langem bewirkt, dass die Personalausstattung und die Produktionskosten, jedes Mal, wenn Chaplin sich wieder an die Arbeit machte, größere Ausmaße annahmen. Nun wurde der Druck, einen strengen Zeitplan einzuhalten, durch die zusätzliche Belastung, ein Studio mieten zu müssen, noch verstärkt. [ ] Die Dreharbeiten dauerten vom 7. Mai bis zum 28. Juli 1956. Dieser Zwölf-Wochen-Zeitplan war der kürzeste für alle Chaplin-Langfilme. Von August bis Oktober hielt sich Chaplin für den Schnitt des Films in Paris auf.«[10]

Als er nach dem Ende der Dreharbeiten in London ein passend ausgestattetes Studio in Paris mit erfahrenen Technikern für den Schnitt des Films gefunden hatte, musste Chaplin zu seinem Entsetzen erfahren, dass er es nur in der Zeit zwischen Mitternacht und vier Uhr morgens benutzen konnte. Um seinen Film rechtzeitig fertigzustellen, musste er den Tag zur Nacht machen und die Nacht zum Tag. Einen ganzen Monat lang.

Der Film hatte am 12. September 1957 Premiere, in Chaplins 68. Lebensjahr.

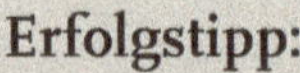

Erfolgstipp:
Wenn Sie sich auf das Ende Ihrer Erwerbstätigkeit und auf die Pension freuen, dann haben Sie Ihre Lebensmission noch nicht gefunden. Wer täglich seine Bestimmung lebt, empfindet in seinem Tun Freude und tiefe Erfüllung. Das schließt auch fordernde und kräftezehrende Zeiten ein, in denen Sie bei aller Erschöpfung immer Dankbarkeit und Sinn spüren können. Mit dem Älterwerden müssen Sie es vielleicht etwas ruhiger angehen, das Tempo drosseln oder mehr delegieren als früher. Aber wenn Sie erfüllt leben, dann tun Sie weiterhin das, was Sie lieben und wofür Sie auf diese Welt gekommen sind.

DEN RICHTIGEN PLATZ FÜR SEINE TRÄUME FINDEN

Chaplins Kindheit und Jugend in London haben ihn tief geprägt. Auch wenn er in London mehrmals umziehen musste und schmerzhafte Zeiten in Armenhäusern verbrachte, liebte er London sehr und kehrte in seinem späteren Leben immer wieder dorthin zurück. Auch wenn er seiner Geburtsstadt sehr verbunden war und dort bei jedem Besuch in Erinnerungen schwelgte, erkannte er rasch, dass England nicht der richtige Ort war, um seine großen Träume zu verwirklichen. Seine erste Tournee in den englischen Provinzen zwang den jungen Charlie in eine trostlose Routine, die diese Erkenntnis bestätigte.

1910 kam dann Chaplins große Chance, nach Amerika zu gehen – für eine Tournee in den Vereinigten Staaten und Kanada. Er war damals gerade 21 Jahre alt geworden. Diese Tournee sollte von Juni 1910 bis Juni 1912 dauern und Chaplins Leben nachhaltig verändern (siehe auch Kapitel »Mut«).

Chaplin erinnerte sich: »Die Chance, in die Vereinigten Staaten zu gehen, war das, was ich gerade brauchte. In England, das fühlte ich, hatte ich die Grenze dessen erreicht, was mir geboten werden konnte, die Möglichkeiten waren hier beschränkt.«[11]

Allerdings musste er rasch erkennen, dass die amerikanische und englische Version der gemeinsamen Sprache doch recht unterschiedlich waren. Ein wütender Barmann in New Jersey hätte den jungen Charlie beinahe k.o. geschlagen, weil er dachte, Charlie hätte sich über ihn lustig gemacht.

Die Truppe reiste mit dem Dampfschiff *Cairnrona* bis Quebec und mit dem Zug weiter nach New York, wo am 3. Oktober im Colonial Theatre die Premiere stattfinden sollte. Das Stück kam leider nicht besonders gut an, und Chaplin empfand die Stadt New York als unfreundlich und beklemmend. Aber zunehmend beflügelte ihn der Schwung der amerikanischen Lebensweise und die scheinbare Klassenlosigkeit der Gesellschaft. Auf New York folgte eine zwanzig Wochen dauernde Tournee, die ihm die Gelegenheit bot, das Land von Ost nach West kennenzulernen.

Chaplins Zimmergenosse auf dieser Tournee war Stan Laurel, der den jungen Charlie fasziniert beobachtete, als etwas exzentrisch beschrieb und sich erinnerte, dass Chaplin jeden Tag stundenlang las und seine Geige und sein Cello mit sich herumschleppte und ständig darauf übte.

Chaplin lernte Amerika lieben und spann große Träume – zuerst als Schauspieler, dann erwog er, als Schweinezüchter reich zu werden. (Welch Genie wäre der Welt verloren gegangen, und wie hätte es die Geschichte verändert, wenn er diesen Weg eingeschlagen hätte!)

Nach dem Tourneeende 1912 nach England zurückzukehren war für ihn keine fröhliche Heimkehr. Sein Bruder Sydney hatte in der Zwischenzeit geheiratet und die gemeinsame Wohnung der Brüder aufgegeben – dadurch hatte der junge Charlie sein erstes richtiges Zuhause verloren. Seine Mutter war immer noch in der psychiatrischen Klinik Cane Hill, und es ging ihr keineswegs besser. Aber die beiden Brüder konnten es sich jetzt leisten, sie in ein privates Pflegeheim verlegen zu lassen.

Chaplin war froh, dass Karno die Truppe bald wieder auf Tournee nach Amerika schickte. Die *Oceanic* verließ mit ihr am 2. Oktober 1912 den Hafen. Doch der Reiz des Neuen war dahin, Chaplin hatte das unbedarfte Publikum der tiefsten amerikanischen Provinz langsam satt.

Am 12. Mai 1913 erreichte die Truppe ein Telegramm, das Chaplin zu Keystone Pictures Studios nach New York einlud, wo er sein erstes Angebot bekam, zum Film zu gehen. Dem tourneemüden Chaplin kam die Abwechslung sehr gelegen, er begann seine Karriere beim Film bei Mack Sennett. Der Schritt von der Theaterbühne zum Film war kein leichter für den damals 24-jährigen Charlie, und schnell stieß er auf erste Widerstände (siehe Kapitel »Verbessern, was man gelernt hat«, »Neue Maßstäbe setzen« und »Konstant lernen und wachsen«.) Dennoch nahm Chaplins Karriere an Fahrt auf, er wechselte von Keystone zu Essanay und begründete binnen kürzester Zeit seinen Status als erster Weltstar des Films.

Er war sich bewusst, dass Amerika das richtige Land war, um seine Träume zu verwirklichen, und er nun nur noch den perfekten Ort beziehungsweise die perfekte Arbeitsumgebung für seine Werke benötigte.

Nach den ersten Jahren als »angestellter Schauspieler« übernahm er immer mehr Verantwortung in der Produktion seiner Filme und dachte zunehmend unternehmerisch. Erst im Zuge seines Wechsels zur Mutual Film Corporation wurde er sich des Ausmaßes seines Ruhms so richtig bewusst (siehe Kapitel »Finanzielle Freiheit«). Mutual richtete für seinen Star eigens ein neues Studio in Los Angeles ein, das ihm bestmögliche Arbeitsbedingungen bieten sollte. Chaplin stellte sich sein Team und Ensemble selbst zusammen.

Doch genauso wie bei seinen Filmen strebte der gerade mal 29 Jahre alte Charlie bei jedem Aspekt seiner Arbeit nach Perfektion. Nach Ablauf seines Vertrags mit Mutual suchte er einen neuen Partner, der ihm nicht nur die finanzielle, sondern auch die zeitliche Unabhängigkeit für seine Arbeit ermöglichte. Er fand diesen Partner mit der First National, die mit der Verpflichtung Chaplins gegen die marktbeherrschende Position von Paramount Pictures antreten wollte.

Es wurde ein Vertrag über acht Filme abgeschlossen, für die Chaplin vorab mehr als 1 Million Dollar erhielt. Charles Chaplin wurde sein eigener Produzent, behielt die Rechte an seinen Filmen und konnte sich 1917 endlich seinen größten Traum erfüllen – die Errichtung seines eigenen Filmstudios ganz nach seinen Wünschen und Vorstellungen. Er kaufte eine geeignete Immobilie für 30.500 Dollar und investierte stolze 500.000 Dollar für die Fertigstellung seines Studios. Chaplins Biograf David Robinson schrieb darüber:

»Das Gelände war ein ca. 12.000 Quadratmeter großes Grundstück [ ], es lag am Sunset Boulevard Ecke La Brea Avenue. An der Nordseite des Grundstücks stand ein stattliches Zehn-Zimmer-Haus im Kolonialstil, und ursprünglich hatte Chaplin es zu seinem Domizil machen wollen. Stattdessen wohnten Sydney und Minnie eine Zeit lang dort. Das Gelände war damals eine gute Meile vom normalen Studio-Bezirk entfernt, in einer von Hollywoods besten Wohngegenden, und zunächst gab es in der Nachbarschaft beträchtliche Beunruhigungen über dieses Vordringen der Filmleute. Damals waren Filmstudios nicht gerade eine Bereicherung für eine Gemeinde. Zumeist boten sie einen schrecklichen Anblick: eine Ansammlung von baufälligen Schuppen, Wellblech, flatternde Leinwand-Lichtstreuer, die an bizarre Trägerkonstruktionen angebracht waren, das Ganze durch wackelige Holzzäune abgeschirmt. Chaplins LoneStar Studio war vergleichsweise ansehnlich gewesen.

Für seine Pläne konnte Chaplin jedoch die feinen Leute von La Brea und De Longpre Avenues restlos für sich gewinnen. Die Fassadenfront sollte wie eine Reihe englischer Cottages gestaltet werden. Die örtlichen Ästheten mussten zugeben, dass das Eindringen einer ›Old English Village‹-Straße in den Sunset Boulevard der Umgebung nicht nur etwas Ehrwürdiges verlieh, sondern ihr auch mehr Prestige gab. Die Cottages dienten als Büros, Garderoben und Arbeitsräume. Die Innenfassade war im funktionaleren Stil von kalifornischen Bungalows gehalten. Auf dem Gelände waren Rasenflächen und Gärten angelegt, und es gab auch einen großen Swimming-Pool. Bessere Produktionseinrichtungen konnte man für kein Geld bekommen.«[12]

Chaplin hatte ihn endlich gefunden beziehungsweise sich geschaffen: den richtigen und perfekten Ort, um seine Träume und Visionen zu realisieren.

!

Erfolgstipp:
Wenn Sie Ihre Lebensmission gefunden haben oder dabei sind, sie zu entwickeln, dann suchen oder schaffen Sie sich das passende Umfeld. Damit kann ein Land, eine Stadt, eine Kultur oder ein Unternehmen gemeint sein. Im engeren Umfeld können das ein Team, Mitarbeiter oder der Freundeskreis sein.

Vielleicht ist es möglich, dass Sie sich relativ einfach ein unterstützendes Umfeld schaffen, an dem Ort oder in dem Unternehmen, in dem Sie gerade sind. Oder Sie müssen einen größeren Schritt tun und sich ein völlig neues Umfeld suchen. Genauso wie Chaplin nach Amerika ging, suchten sich auch viele andere Legenden für ihren Lebensweg ein radikal neues Umfeld. Arnold Schwarzenegger wäre nie ein erfolgreicher Bodybuilder und Schauspieler geworden, wenn er im kleinen Dorf Thal bei Graz geblieben wäre.

Alle großen Mentoren und Coaches sind sich darüber einig: Das Umfeld gewinnt immer. Schaffen oder suchen Sie sich daher so schnell wie möglich das richtige Umfeld für Ihren Lebensweg. Mit den heutigen technischen Möglichkeiten des Internets ist dies viel einfacher als früher, weil man sich über Kontinente hinweg mit Menschen, Kunden und Märkten verbinden kann, ohne physisch reisen zu müssen.

ZUSAMMENHALT UND LOYALITÄT

Die drei waren eine verschworene und liebevolle Familie: Hannah Chaplin mit ihren beiden Söhnen Sydney und Charlie. In der Zeit der Armut, des Hungers, der Krankheit der Mutter und der schrecklichen Erlebnisse in den Armenhäusern waren dieser Zusammenhalt und diese Liebe Charlies Fundament. Auch in den Wochen oder Monaten, in denen die drei getrennt waren – die Kinder waren in unterschiedlichen Einrichtungen untergebracht und die Mutter in der geschlossenen Anstalt.

Als Chaplin ein reicher Weltstar und ein erfolgreicher Geschäftsmann war, vergaß er doch nie seine Wurzeln und den Wert von Verbundenheit und Loyalität. Bis zu Sydneys Tod verband die beiden Brüder ein enges Band. Sie waren immer füreinander da, und Sydney stellte seine eigene Schauspielkarriere zurück, um Charlies Manager zu werden. Er vermarktete seinen Bruder in der Öffentlichkeit, kümmerte sich um dessen Finanzen und verhandelte Verträge mit den Filmstudios. Daneben bekleidete Sydney auch Nebenrollen in fünf Filmen seines jüngeren Bruders.

Als Chaplin im September 1952 – er war gerade auf einer Schiffsfahrt Richtung England unterwegs – von den US-Behörden die Wiedereinreise in die USA untersagt wurde, musste er bis auf Weiteres alles in Amerika zurücklassen. Bis die Chaplins einige Monate später das Manoir de Ban in der Schweiz bezogen und sich dort niederließen, zahlte Chaplin allen seinen Angestellten in Kalifornien das volle Gehalt weiter. Die, die ihm in den Jahren und Jahrzehnten so treu gedient hatten, hatten zeitlebens seine Dankbarkeit. Jeder Einzelne erhielt nach dem leider unvermeidlichen Auflösen der Dienstverträge einen großzügigen Bonus.

Die Schauspielerin Edna Purviance war nicht nur eine der Frauen in Chaplins Leben, sondern auch eine seiner wichtigsten Filmpartnerinnen – Purviance trat innerhalb von acht Jahren in 35 Stummfilmen von Chaplin auf (unter anderem in *A Dogs Life* und *The Kid*). In *A Woman of Paris* gab ihr Chaplin die Hauptrolle. Chaplin wollte sie zum Dank für ihre Treue mit diesem Film zum Star machen, doch der Film wurde kommerziell leider kein Erfolg. Als Edna Purviance sich 1926 als Schauspielerin zur Ruhe setzte, konnte sie weiterhin auf Chaplins Loyalität bauen, er zahlte ihr weiterhin ihr volles Gehalt – bis zu ihrem Tod im Jahr 1958.

!

Erfolgstipp:
Egal wie viel Erfolg, Ruhm und Reichtum Sie erwerben – vergessen Sie nie Ihre Geschichte und die Menschen, die Sie auf Ihrem Weg begleitet haben. Selbst ein scheinbarer »Self-made«-Erfolg ist ohne all die Menschen, die uns inspiriert, geprägt und unterstützt haben, nicht möglich.

Hegen Sie keinen Groll gegen die Menschen, die Sie scheinbar auf Ihrem Weg behindert haben. Vielleicht wussten sie es einfach nicht besser oder hatten gute Absichten.

Zeigen Sie Dankbarkeit und Loyalität gegenüber jedem, der Sie und Ihren Weg unterstützt hat, egal wie klein oder groß diese Unterstützung auch gewesen sein mag.

ANDERS SEIN

In seinem Streben nach Perfektion und Innovation brach Chaplin so manche bis dato »Goldene Regel« des Filmemachens (siehe Kapitel »Unsinnige Regeln brechen«). Dadurch schuf er nicht nur seine zeitlosen Meisterwerke, sondern wurde auch in den Augen der Zuschauer zur einzigartigen Ikone.

Mit *The Bank* (1915) schuf er beispielsweise eine Komödie mit einem traurigen Schluss – das war etwas völlig Neues. Die Szenen, in denen Charlie mit tragisch geweiteten Augen zusieht, wie Edna seine Liebeserklärung verächtlich abweist, gingen so ans Herz, wie man es bei einer Filmkomödie gar nicht gewohnt war.

Langsam, aber unaufhaltsam erkannten auch die letzten Zuschauer und Kritiker, das Chaplin anders war als irgendjemand vor ihm.

!

Erfolgstipp:
Seien Sie nicht besser oder schneller, seien Sie anders. Es wird immer jemanden geben, der schneller ist als Sie oder der ein besseres Produkt hat als Sie. Im globalen Wettbewerb führt die »Billig-Strategie« in den Ruin, weil immer jemand noch billiger anbieten wird als Sie. Die »Hochpreis-Strategie« muss sich der Herausforderung stellen, dass es immer jemanden geben wird, der noch bessere Qualität liefern wird.

Schneller, billiger oder besser sind immer vergleichbar. Seien Sie stattdessen anders, dann sind Sie einzigartig und unvergleichlich. Ihre Kunden kaufen Sie und Ihr Angebot dann, weil Sie *Sie* sind!

AUFMERKSAMKEIT

Es bedarf einer hohen Aufmerksamkeit, mutig Chancen zu ergreifen. Denn Chancen müssen überhaupt erst einmal als solche erkannt werden.

Höchste Aufmerksamkeit ermöglichte es schon dem jungen Charlie, schnell zu lernen. Er beobachtete andere und konnte sich selbst nur einmal Gesehenes phänomenal merken und darauf aufbauen. Viele seiner ausgefeiltesten und erfolgreichsten Gags hatten ihren Ursprung darin, dass er sehr aufmerksam durchs Leben ging. Ein bekanntes Beispiel ist Chaplins Meisterwerk *The Floorwalker* (1916):

> »Der Komiker hatte nur drei Wochen Zeit, eine Handlung zu finden, die es ihm ermöglichte, jemanden in den Allerwertesten zu treten zur Befriedigung der erwartungsvollen Millionen, die mit ihrem Zehncentstück in der Hand an der Kasse warteten.
>
> Zwei Wochen und sechs Tage lang wanderte Mr. Chaplin durch New York zwischen Frühstück im Plaza und Abendessen überall in der Stadt.
>
> Eines Tages, als die Zeit schon furchtbar drängte, ging er auf der Höhe der 33. Straße die Sixth Avenue entlang, als ein bedauernswerter Fußgänger ausglitt und die Rolltreppe herunterrutschte, die zu der dortigen Hochbahnstation führte. Alles außer Chaplin lachte. Aber Mr. Chaplins Augen blitzten. Und wie der Blitz machte er sich davon – zu seinem Studio in Los Angeles.
>
> So wurde *The Floorwalker* geboren. Der Ladenaufseher als Typ interessierte Mr. Chaplin nicht die Bohne – ihm ging es einzig und al-

lein um die wundervollen Möglichkeiten einer Rolltreppe als Vehikel, auf dem man eine Menge höchst spaßiger Schwierigkeiten haben konnte. *The Floorwalker* wurde um die Rolltreppe herum entwickelt, nicht um den Ladenaufseher. Diese Geschichte von *The Floorwalker* ist in diagnostischem Sinne typisch für die Entstehung einer Chaplin-Komödie. Jede ist um etwas herum entwickelt.«[13]

!

Erfolgstipp:
Gehen Sie aufmerksam durchs Leben. Sie wissen nie, wann und wo Ihnen eine Inspiration, eine Idee oder eine Chance begegnen wird. Wenn Ihr Geist ausgeruht und wach ist (siehe Kapitel »Einen klaren Verstand behalten«), dann werden Ihnen Gelegenheiten und Ideen begegnen, wenn Sie es am wenigsten erwarten.

BEZIEHUNGEN UND GESELLSCHAFTLICHER BEITRAG

BESCHEIDENHEIT

Die wenigsten würden den Weltstar Chaplin mit dem Wort »Bescheidenheit« in Verbindung bringen – den Schauspieler und Filmproduzenten, der perfektionistisch und detailversessen die volle Kontrolle über alle Aspekte seiner Arbeit hatte. Es zeugt von Charakter und menschlicher Größe, dass er sich trotz seines unbeschreiblichen Erfolges seine Bodenständigkeit bewahren konnte.

Nachdem er zwei Jahre lang, Abend für Abend, die Rolle des Billy in *Sherlock Holmes* gespielt hatte, war der junge Charlie endlich angekommen: Er spielte eine ernst zu nehmende Rolle in einem klassischen Stück. Als er im Alter von nur 16 Jahren in die erste Ausgabe des *Green Room Book or Who's Who on Stage* aufgenommen wurde, muss das schwindelerregende Gefühl des Erfolges Welten von jenem Gefühl der Machtlosigkeit entfernt gewesen sein, das ihn erfasste, als er nur zwei Jahre zuvor die morsche Treppe der Pownall Terrace 3 hinaufgestiegen war.

Schon als 8-jähriger Waisenhausjunge hatte er sich geschworen, berühmt zu werden. Und angesichts der bemerkenswerten Erfolge innerhalb kürzester Zeit ist es leicht verständlich, dass der junge Charlie stolz wie ein Gockel durch die Straßen Londons stolzierte.

Hochmut kommt vor dem Fall, heißt es. Doch Charlie sah den Absturz nicht kommen, der ihn bald darauf ereilen sollte. In jenen Tagen vergaß er noch seine Bescheidenheit. Sein übertriebener Stolz und seine Prahlerei waren wohl auch eine Kompensation für die Demütigung, dass die Karrieren seiner Eltern verblasst und die beiden in Vergessenheit geraten waren – in Alkoholismus beziehungsweise Armut.

Er meinte nun, sich bei seinem nächsten Theaterengagement äußerst wählerisch zeigen zu müssen. Dies ließ er auch Madge Kendal, eine der führenden Schauspielerinnen ihrer Zeit, bei einem Vorsprechen spüren. Chaplin teilte der Madam kühl mit, er nähme keine Engagements außerhalb Londons an. Er zog den Hut, verließ das Foyer und war für mehrere Monate arbeitslos.

In dieser Zeit klapperte er alle Theateragenturen ab und wurde immer kleinlauter. Sein Arbeiterdialekt, seine feinen Gesichtszüge und seine jungenhafte Gestalt ließen seinen Traum, auf ernsthaften Bühnen aufzutreten, in weite Ferne rücken. Der junge Charlie musste seinen Stolz hinunterschlucken und gesellte sich zu seinem Bruder – wieder als Komödiant in der Music Hall.

Einerseits war er erleichtert, dass er Arbeit gefunden hatte, aber andererseits empfand er es als beschämend, nach seiner Rolle in *Sherlock Holmes* wieder die stumme Rolle eines Deppen, des tölpelhaften Helfers eines Klempners, spielen zu müssen. Er hatte das Gefühl, sich immer weiter von seinem Traum als Theaterstar zu entfernen.

Charlie entdeckte schon bald, dass sein Comeback im Showbusiness davon abhing, dass er lernte, auf höchst *elegante* Weise ungeschickt zu sein. In dieser Zeit, in der er Bescheidenheit üben musste, sammelte er seine Erfahrungen als Pantomime, die er später in Hollywood im Stummfilm gebrauchen konnte.

So lernte er bereits in jungen Jahren, dass Hochmut vor dem Fall kommt und dass es zwischen den Gipfeln des Erfolges auch immer tiefe Täler gibt. Diese Erfahrungen und seine Kindheitserinnerungen an Armut und Hunger haben den jungen Charlie sehr geprägt, sodass er nach seinem vorübergehenden Anflug von Stolz und Prahlerei zu dem Künstler und Menschen werden konnte, der auch nach seinem großen Durchbruch mit beiden Beinen am Boden blieb.

Bescheidenheit im täglichen Tun

Sosehr er auch von seinen Schauspielern Bestleistungen verlangte und sie so manches Mal mit seiner Perfektion in den Wahnsinn trieb (siehe Kapitel »Perfektion«), sosehr strebte er auch danach, seine Schauspieler richtig anzuleiten und ihnen ein gutes Gefühl zu geben:

> »Ein Schauspieler mag zum Beispiel, während die Produktion schon voll im Gange ist, als neues Mitglied zum Ensemble stoßen. Er mag ein ausgezeichneter Darsteller sein, und doch mögen die fremden Arbeitsbedingungen ihn zunächst nervös machen. Hier kann die persönliche Bescheidenheit eines Regisseurs sehr hilfreich sein, wie ich das oft erlebt habe. Zwar wusste ich genau, was ich wollte, doch nahm ich bei solchen Gelegenheiten den neuen Darsteller beiseite und vertraute ihm an, dass ich abgespannt sei, Sorgen hätte und im Augenblick überhaupt nicht wüsste, wie ich die Szene gestalten sollte. Sehr schnell vergaß er dann seine eigene Nervosität und versuchte, mir zu helfen. Der Erfolg war, dass sein Spiel gut wurde.«[14]

Aber nicht nur im Umgang mit seinen Schauspielern, sondern auch in der Gestaltung seines Filmstudios lebte und arbeitete er bescheiden – stets fokussiert auf das Wesentliche. Zwar investierte er Geld und Ressourcen in die Qualität seiner Filme, doch was seinen Status als Filmemacher betraf, blieb er minimalistisch und bescheiden. Der französische Cineast und Autor Maurice Bessy und der Journalist Alistair Cooke beschrieben regelrecht bestürzt die Garderobe des Studiobosses und reichsten Schauspielers der Welt: Die Tapeten lösten sich von den Wänden, der Teppich war völlig abgewetzt, ein völlig verstimmtes uraltes Piano stand neben einem aufgebockten Tisch und verbogenen Stühlen.

Bescheidenheit im Umgang mit dem eigenen Ruhm

Der Stummfilm hatte die Kraft, jede Sprachbarriere zu überwinden. Chaplin erreichte mit seinem Tramp die Massen und schenkte ihnen ein Lächeln und Zuversicht – in einer Zeit von Wirtschaftskrise, Hunger und Krieg. Dafür wurde er von den Menschen geliebt, ja regelrecht vergöttert. Wo immer er auftauchte, bestürmten ihn die Menschenmengen. Niemand vor ihm musste jemals mit einer derartigen Vergötterung fertigwerden.

In den 1930er Jahren begannen seine Kritiker darüber zu klagen, dass sich Chaplin vom Clown zum Philosophen und Staatsmann aufgeschwungen habe. Sie vermissten den alten Slapstick und blickten verwundert auf die tiefergehenden Botschaften seiner Filme und werteten diese als Arroganz und Überheblichkeit des Weltstars.

Sosehr er auch den Applaus und die Bestätigung des Publikums für seine Arbeit brauchte und genoss, so menschlich und realitätsverbunden ist Chaplin geblieben. 1931 sagte er in einem Interview:

> »Ist es nicht ergreifend, ist es nicht schrecklich, dass diese Menschen mich umlagern und rufen ›Gott segne dich, Charlie!‹ und meine Hand berühren wollen und lachen und Tränen vergießen, wenn sie meine Hand berühren können? [ ] Und warum? Warum? Einfach weil ich sie aufgeheitert habe. Mein Gott [ ], was muss das hier für eine dreckige Welt sein – dass Menschen solch ein erbärmliches Leben haben, dass sie auf die Knie fallen, wenn jemand sie zum Lachen bringt, und sie seinen Mantel berühren wollen, als handle es sich um Jesus Christus, der sie von den Toten auferweckt. Das ist doch bezeichnend für das Leben. Das ist eine reizende Welt, in der wir da leben. Wenn diese Menschenmengen mich umzingeln – so nett das für mich persönlich ist –, dreht sich mir die Seele um, weil ich weiß, was dahintersteckt. Eine derartige Trostlosigkeit, eine solche Hässlichkeit, solch absolutes Elend, dass sie, nur weil sie jemand zum Lachen bringt und sie einmal alles vergessen lässt, um Gottes Segen für ihn bitten.«[15]

David Robinson beschreibt Chaplin treffend mit den Worten:

> »Wenn Chaplin sich von Zeit zu Zeit getrieben fühlte, seine Ansichten über den Zustand der Welt darzulegen und über den Weg, den sie einschlagen sollte, dann geschah das nicht aus einer übertriebenen Wertschätzung seiner selbst, sondern weil er irgendwie fühlte, dass er es jenen Milliarden schuldig war, die ihn zu ihrem Idol und symbolischen Vertreter erkoren hatten.«[16]

Als die Chaplins später in der Schweiz eine Schule für ihre Kinder aussuchen mussten, entschieden sie sich für die Dorfschule. Sie wollten nicht, dass ihre Kinder in einer Privatschule verwöhnt würden.

!

Erfolgstipp:
Egal wie erfolgreich Sie sind, bleiben Sie bescheiden. Wer äußeren Zielen hinterherjagt, dabei aber innerlich leer bleibt, wird diese Leere mit oberflächlichen Vergnügungen zu übertünchen versuchen. Diese Oberflächlichkeit kann zur Arroganz werden, hinter der sich der Schmerz der inneren Leere und Orientierungslosigkeit verbirgt.

Wenn Sie Ihre Lebensmission gefunden haben und wahre Erfüllung erleben, werden Sie dafür eine tiefe Dankbarkeit und Demut empfinden. Daran können Sie wahrhaft erfolgreiche Menschen erkennen, die bei allem Ruhm und Reichtum ihr Leben in Dankbarkeit, Bescheidenheit und einer spürbaren Demut leben.

GESCHÄFTLICHES MIT VERGNÜGEN VERBINDEN

Chaplin war bekannt dafür, fokussiert und äußerst diszipliniert zu arbeiten. Wenn er an einem Film arbeitete, ging er völlig darin auf – oft bis zur völligen Erschöpfung. Doch genauso, wie er es sich gönnte, lange Reisen zu unternehmen (siehe Kapitel »Sich Auszeiten nehmen«), so genoss er es oft, das Angenehme mit dem Nützlichen zu verbinden.

Auch die Reise nach Europa (die der Beginn seines Exils werden sollte) war so geplant: Presserummel und Werbung für die Europapremiere seines Films *Limelight* verbunden mit einem langen Urlaub in Europa, bei dem er seiner Frau Oona auch die Orte seiner Kindheit zeigen wollte.

!

Erfolgstipp:
Wenn Ihr Tun Ihnen Freude macht, dann mag Ihnen diese Erfüllung bereits genügen. Aber warum nicht noch etwas Freude oder Erholung dranhängen?

Wenn Sie geschäftlich unterwegs sind, überlegen Sie sich, womit Sie die Reise verbinden könnten. Wohnen gute Freunde in der Nähe? Oder ist das Antiquariat, das sie schon lange einmal besuchen wollten, gleich ums Eck? Oder hängen Sie an die Geschäftsreise noch ein paar Tage dran, um Zeit zu haben für Orte und Erlebnisse, die Sie einfach interessieren. Egal ob zur Erholung oder Inspiration. Verbinden Sie (erfüllendes) Geschäftliches mit privatem Vergnügen.

DER GESELLSCHAFT ETWAS ZURÜCKGEBEN

Bei allem Erfolg, Ruhm und Reichtum war Chaplin stets davon überzeugt, dass das Dasein eines jeden Menschen Bedeutung hat. Er war sich seines Einflusses bewusst und der Verantwortung, die damit einherging. Neben seinem täglichen Streben, den Menschen auch in schweren, ja dunklen Zeiten ein Lachen zu schenken, waren seine Filme oft Botschaften für Menschlichkeit, Verbundenheit und Frieden.

Chaplin besuchte in seiner Freizeit regelmäßig Wohltätigkeitsveranstaltungen und unterstützte bis an sein Lebensende großzügig zahlreiche wohltätige Organisationen wie das Rote Kreuz und das Krankenhaus der Samariter in Vevey. Immer wieder gab es auch Wohltätigkeitspremieren seiner Filme, wie zum Beispiel für *The Kid* in Paris.

Chaplin spürte eine große Verantwortung seinem Publikum gegenüber. Er fühlte sich jenen verpflichtet, die ihn zu ihrem Idol und symbolischen Vertreter auserkoren hatten. Daher rührte auch sein Bedürfnis, sich über den Zustand der Welt zu äußern und über den Weg, den sie einschlagen sollte (siehe Kapitel »Bescheidenheit«). Sein politisches Engagement zeigte sich beispielsweise 1942 in seiner öffentlichen Forderung nach einer zweiten Front gegen Deutschland im Zweiten Weltkrieg, womit er sich nicht nur Freunde machte.

Doch Chaplin engagierte sich bereits in jungen Jahren. 1918 veröffentlichte er den Kurzfilm *The Bond (Die Kriegsanleihe)* – einen

Propagandafilm, den er auf eigene Kosten gedreht hatte und den er während des Ersten Weltkriegs für die Liberty-Bond-Kampagne spendete. Er spielte dabei mit der Bedeutung des englischen Wortes *bond* (Band, Bindung, Anleihe): »The film is made up of four episodes that illustrate the various bonds: the bond of friendship, the bond of love, the marriage bond, and most important of all, the Liberty Bond.«[17] Der Film besteht aus vier Episoden, die die verschiedenen Bande veranschaulichen: das Band der Freundschaft, das Band der Liebe, das Eheband und vor allem das »Band der Freiheit« (auf Englisch »Liberty Bond«, der Name der Kriegsanleihe).

!

Erfolgstipp:
Wenn Sie Ihre Lebensmission gefunden haben, dann werden Sie damit wahrscheinlich auch anderen dienen und von Nutzen sein. Fragen Sie sich, wie Sie mit Ihrem Tun und Wirken anderen noch mehr helfen und einen gesellschaftlichen Beitrag leisten können. Wenn Sie beispielsweise Arzt sind, könnten Sie einen Tag im Monat mittellose Menschen kostenlos behandeln.

Leben Sie Ihre Lebensmission und dienen Sie mit Ihren Fähigkeiten anderen, dann leben Sie ein erfülltes und reiches Leben.

MENSCHLICHKEIT ÜBER ALLE GRENZEN

Chaplins innere Verpflichtung, der Gesellschaft zu dienen, war geprägt von seiner Vision einer globalen Menschlichkeit. Patriotismus und Nationalstolz waren ihm zutiefst zuwider, wie er 1931 einem Reporter unverblümt mitteilte: »Patriotismus ist der größte Wahnsinn, unter dem die Welt je zu leiden hatte. In den letzten paar Monaten war ich überall in Europa. Überall grassiert der Patriotismus, und das Ergebnis wird wieder ein Krieg sein.«

So vorausblickend seine Sicht der Verhältnisse auch war, so war sie doch in dieser Zeit in England keineswegs populär. Auch in seinem Film *The Great Dictator* und besonders in seiner berühmten Rede am Ende des Films (siehe Kapitel »Mut«) ergriff er Wort für globale Brüderlichkeit und Menschlichkeit. In der damals pro-faschistischen Stimmung in den USA machte er sich damit einige mächtige Feinde, die versuchten, ihn als »Kommunisten« und damit als politischen Feind zu deklassieren.

Im Mai 1942 bot sich Chaplin die Gelegenheit, bei einer Großveranstaltung des Komitees für Russlandhilfe eine Rede zu halten, und er nutzte die Chance für klare Worte:

> »Ich bin kein Kommunist, ich bin ein Mensch, und ich glaube, ich weiß, wie menschliche Wesen fühlen und denken. Kommunisten sind nicht anders als andere Menschen; wenn sie einen Arm und ein Bein verlieren, dann gleichen ihre Schmerzen den unseren, und sie sterben ebenso, wie wir alle sterben.
>
> Die kommunistische Mutter ist eine ebensolche Mutter wie jede andere, wenn sie die tragische Nachricht erhält, dass ihre Söhne nicht

zurückkehren werden, dann weint sie ebenso wie andere Mütter. Um das zu wissen, brauche ich kein Kommunist sein. Ich muss nur ein Mensch sein, um es zu verstehen [ ].«

Erfolgstipp:
Materieller Erfolg und weltliche Größe werden ohne inneres Wachstum zur leeren Hülle, die irgendwann Risse bekommt und platzen kann. Es gibt viele Wege zu finanziellem Reichtum. Für ganzheitlichen Erfolg, der Erfüllung und Reichtum bringt, sind Bescheidenheit und Menschlichkeit notwendige Voraussetzungen.

PERFEKTER REGISSEUR

Chaplin war nicht nur ein exzellenter Regisseur des Films, sondern auch ein meisterhafter Regisseur seines Lebens. Beim Film und auch im echten Leben geht es um den Umgang mit Menschen. Es geht darum, andere zu verstehen, zu motivieren, zu inspirieren und mit ihnen respektvoll zu kommunizieren.

Sydney Chaplin Jr. schrieb in einem Artikel über seinen Vater bei den Dreharbeiten zu *Limelight*:

> »Er ist natürlich ein ganz wunderbarer Regisseur, packt alles immer richtig an, weiß instinktiv, wie er jeden einzelnen Schauspieler behandeln muss. Da war ein alter Schauspieler, den die Tatsache, dass er neben Vater spielte, dermaßen aufregte, dass er ständig seinen Text verpatzte. Um ihn zu beruhigen, brachte Vater seinen eigenen Text durcheinander, und danach war der alte Schauspieler entspannt, und beim nächsten Durchgang gelang die Szene.«[18]

Erfolgstipp:
Wir haben unser ganzes Leben lang mit Menschen zu tun: Familie, Freunde, Lebenspartner, Kunden, Geschäftspartner und viele mehr. Regisseur Ihres Lebens zu sein bedeutet nicht, andere nach Ihren Wünschen zu lenken, sondern Verantwortung dafür zu übernehmen, dass andere sich wertgeschätzt fühlen und ihre Stärken entfalten können. Um wertvolle und fruchtbringende Beziehungen aufzubauen, sind Bescheidenheit und Menschlichkeit unverzichtbar. Ohne diese Basis wird Kommunikation schnell zur Manipulation.

Wertschätzung, Respekt und Demut in Kombination mit rhetorischen und kommunikativen Fähigkeiten machen Sie zum Leader und Regisseur Ihres Lebens.

EINE VERBINDUNG ZUM PUBLIKUM

Nach dem holprigen Start bei Keystone nahm Chaplins Karriere rasch an Fahrt auf, besonders als er selbst bei seinen Filmen Regie führte. Chaplin schrieb Filmgeschichte. Zum einen bewiesen jene Zuschauer, die bereits treue Kinobesucher waren, eine deutliche Vorliebe für Chaplin, zum anderen wurden Menschen, die nie zuvor ins Kino gegangen waren, von den Berichten über den »neuen Komiker« angezogen.

Chaplin *war* das Kino. Das Crystal Hall Theater traf 1914 sogar die noch nie da gewesene Entscheidung, ab sofort nur noch Chaplin-Filme zu zeigen. (Bis auf eine Ausnahme von vier Tagen hielt das Kino dies aufrecht, bis es 1923 abbrannte.)

Chaplin war immer interessiert an Rückmeldungen, die für ihn wichtig waren, um zu lernen und besser zu werden. Neben den Feedbacks seiner Kollegen im Studio waren ihm die ungeschönten Reaktionen seines Publikums besonders wichtig. Daher machte er gelegentlich Ausflüge in die Kinos von Los Angeles, um inkognito die Zuschauer zu beobachten. Er wollte sehen und verstehen, wie das Publikum seine Filme aufnahm. Dies waren für ihn keine Egotrips, sondern Forschungsexpeditionen, durch die er lernen und seine Beziehung zum Publikum weiter verbessern konnte. Er war wild entschlossen, im Film eine bisher ungekannte und herzliche Intimität mit den Zuschauern herzustellen.

In den kommenden Jahren gingen seine Bemühungen sogar so weit, einem tauben Maler mietfrei ein Loft in seinem Filmstudio zur Verfügung zu stellen, damit dieser im Gegenzug seine Pantomime beurteilte. Der junge Chaplin erhielt so ganz besondere Rückmeldungen, die ihm nur ein gehörloser Mensch geben konnte. Daneben testete er pausenlos neue Ideen, indem er Partygäste mit kurzen Auftritten und Improvisationen unterhielt.

> »1915 entdeckte eine Welt, die vom Wahnsinn des Krieges erfasst war, eine Fluchtmöglichkeit in die Welt des Films. Und nach nur fünfzehn Monaten und einundvierzig Filmen war der neue Komödiant ganz groß in Mode. Wo man auch hinkam, Charlie war schon da. Es gab zum Thema Chaplin alles nur Erdenkliche: Puppen, Spielzeuge, Zeichnungen, Spiele, Comics und Bücher. [ ]
>
> Hinter den Gefechtslinien wurden in den Militärkrankenhäusern spezielle Projektoren aufgebaut, so dass man zur Hebung der Moral der Truppe Chaplin-Filme zeigen konnte. Da viele zu schwach oder zu schwer verwundet waren, um sich im Bett aufzurichten, waren die Projektoren so angebracht, dass das Bild an die Zimmerdecke geworfen wurde. In einigen Fällen wurde nach Aussagen der Ärzte dadurch der Erholungsvorgang sogar beschleunigt. [ ] Auch Chaplin selbst begriff, dass die rasend schnelle Bekanntheit und der universelle Reiz seiner Leinwandgestalt zum größten Teil mit seiner scheinbaren Fähigkeit verknüpft zu sein schien, das Leid der Menschen zu lindern«.[19]

> »In einer Welt, in der so viele Menschen Sorgen haben und unglücklich sind, wo Frauen ein so trostloses Leben führen, wie es meine Mutter hatte, als ich Kind war, in der Männer ihre Tage mit harter Fronarbeit verbringen und Kinder hungern, wie ich damals in den Slums von London hungerte, ist das Lachen außerordentlich kostbar. Die Menschen wollen lachen; sie sehnen sich danach, sich einmal eine halbe Stunde lang in herzlicher Freude zu vergessen. Jeden Abend brachten auf hunderttausend Kinoleinwänden meine schlappenden Schuhe, mein widerborstiges Stöckchen und mein vielsagendes Bärtchen die Menschen zum Lachen.«[20]

In London und Amerika marschierten im Frühling 1915 viele Soldaten demonstrativ mit Chaplins Watschelschritt auf die Schiffe, die sie zur Front bringen sollten. Es verlangte die Menschen nach jenem heilsamen komischen Gegengewicht, um den Schmerz und die Trauer zu lindern, nachdem sie sich von engen Freunden und Verwandten verabschiedet hatten, die sie vielleicht nie wiedersehen würden.

Weder Mack Sennett noch die Keystone-Manager noch der junge Chaplin selbst konnten die Begeisterung des Publikums vorausgesehen haben. Gerade die ersten Filme zeigten noch die erste tastende Suche nach einer Leinwandfigur. Für die Zuschauer schlugen die Filme damals wie eine Bombe ein. Chaplin hatte von Anfang an eine neuartige Beziehung beziehungsweise Verbindung zu den Zusehern geschaffen und Reaktionen hervorgerufen wie nie jemand zuvor.

Einen konkreten Beleg für Chaplins einzigartige Anziehungskraft findet sich im *Photoplay*-Magazin vom 3. März 1917: Zahlreiche Kinobesitzer berichteten, dass während der Laufzeit von Chaplin-Komödien alle zwei Wochen die Schrauben an der Bestuhlung festgezogen werden mussten, da das Publikum so heftig lachte, dass durch die Erschütterungen die Schrauben gelockert wurden.

!

Erfolgstipp:
Kennen Sie Ihre Kunden! Bauen Sie eine Beziehung beziehungsweise Verbindung zu ihnen auf, egal ob Sie Dienstleister sind, Produkte verkaufen oder ein Unternehmen führen. Ihre Käufer, Mitarbeiter, Lieferanten und Geschäftspartner – alle sind Ihre »Kunden«. Menschen möchten von Ihnen kaufen, für Sie arbeiten oder mit Ihnen zusammenarbeiten, weil Sie sich von Ihnen verstanden fühlen und eine menschliche Verbindung besteht.

Je nach Branche oder Bereich mag diese Beziehung formeller oder herzlicher sein. Um ein stabiles Fundament zu sein, muss sie in jedem Fall auf Vertrauen, Respekt, Verständnis für die Bedürfnisse des anderen und auf dem Willen, dem anderen einen Mehrwert zu bieten, basieren.

DER WEG ZUR MEISTERSCHAFT

VON ANDEREN LERNEN

»Ich habe von ihr alles gelernt, was ich kann. Sie war die erstaunlichste Imitatorin, die ich je gesehen habe. Sie hielt sich stundenlang am Fenster auf, schaute auf die Straße und machte mit ihren Händen, Augen und ihrem Gesichtsausdruck alles nach, was da unten vor sich ging, und sie hörte überhaupt nicht damit auf. Beim Zuschauen und Beobachten habe ich gelernt, Bewegungen mit den Händen und der Mimik umzusetzen, aber auch, die Menschen zu beobachten.«

CHARLIE CHAPLIN ÜBER SEINE MUTTER[21]

Sosehr Chaplin sein ganzes Leben lang Visionär und Pionier war, der neue Methoden entwickelte, neue Standards schuf, neue Maßstäbe setzte und damit (Film-)Geschichte schrieb, sosehr trachtete er immer danach, von anderen zu lernen. Seine Mutter war als Sängerin, Tänzerin und mit ihrer Pantomime Chaplins erstes Vorbild. Durch sie lernte er bereits im Grundschulalter viel über die Schauspielerei.

Seine Bühnenkollegen und auch seine ersten Auftraggeber beschrieben ihn als Schwamm, der alle Ideen aufsaugt und mit unglaublichem Gespür und unendlicher Disziplin übt, verfeinert und weiterentwickelt – sowohl auf als auch abseits der Bühne.

Chaplin lernte in jungen Jahren in seiner Zeit bei den Eight Lancashire Lads enorm viel und später von Fred Karno, dem erfolgreichsten Theaterproduzenten seiner Zeit. Bei Fred Karno probte er die Sketche täglich stundenlang vorm Spiegel. Er trainierte monatelang, bis jede Geste und jede Pointe perfekt saß. Später erlebte und trainierte er bei dem Filmproduzenten Mack Sennet die Kunst der absoluten Improvisation, da dieser Filme ohne Drehbuch produzierte.

Auch abseits der Bühne ging Chaplin sein Leben lang beobachtend und lernend durchs Leben, griff unzählige Ideen auf, sammelte und notierte sie für später.

Chaplins unverwechselbare Technik des »Eckenumrundens«, bei der er sich auf einem Bein dreht, das andere waagerecht ausstreckt und in die neue Laufrichtung schwenkt, war eine Technik, die er sich in seiner Zeit bei Fred Karno aneignete und die ursprünglich entwickelt wurde, um mit dem beschränkten Spielraum kleiner Provinzbühnen zurechtzukommen. Die Idee für den berühmten »Watschelgang« des Tramps hatte Chaplin von einem alten Mann namens Rummy Binks bekommen, der vor einem Pub für die Kutscher die Pferde hielt.

Chaplin erinnerte sich 1916 in einem Interview: »Rummy hatte einen verkrüppelten, rheumageplagten Körper, geschwollene, verdrehte Füße und die erstaunlichste Hose aller Zeiten. Wenn ich Rummy über den Bürgersteig watscheln sah, war ich fasziniert. Ich fand den Gang dermaßen komisch, dass ich ihn nachahmte.«[22]

Chaplin kultivierte diesen Gang. Er übte ihn tagaus, tagein, bis er schließlich zur Manie wurde, die sein Umfeld erheiterte – bereits viele Jahre, bevor der Tramp Filmgeschichte schrieb.

!

Erfolgstipp:
Ob Anfänger oder Profi – die einen müssen lernen, um Profi zu werden, und die anderen müssen lernen, um Profi zu bleiben. »Lernen« bedeutet nicht, sich mit unnützen Informationen und theoretischem Detailwissen vollzustopfen, sondern sich das Wissen, die Fähigkeiten und die Fertigkeiten anzueignen, die für Ihren Weg und Ihre Ziele wichtig und anwendbar sind. Egal wie erfolgreich Sie sind und wie viele Menschen von Ihnen etwas lernen können, es gibt immer jemanden, von dem Sie etwas lernen können.

Chaplin brachte es in vielen Disziplinen zur Meisterschaft, indem er ständig daran arbeitete, Neues zu lernen, um auf allen Gebieten Profi zu werden, die für sein Lebenswerk wichtig waren. Auch als er bereits ein Weltstar war, blieb er neugierig und demütig genug, um von anderen zu lernen.

VERBESSERN, WAS MAN GELERNT HAT

Chaplin war seit seinen Anfängen als Filmschauspieler dafür bekannt – und nicht immer dafür beliebt –, Gelerntes und Bewährtes verbessern und weiterentwickeln zu wollen. Bereits in seiner Zeit bei den Eight Lancashire Lads brachte er damit den Theaterdirektor zum Verzweifeln. Beim Weihnachtsstück spielte der damals 9-jährige Charlie eine Katze, und während der ersten Matinee für Kinder begann er zu improvisieren, seine Rolle abzuwandeln und ergänzende Gags einzubauen. Das Publikum brüllte vor Lachen, und der Direktor versuchte vergebens ihn von der Bühne zu winken.

Chaplins Streben nach Perfektion prägte sein gesamtes Leben und Werk. So lange er in vertraglichen Abhängigkeiten für andere arbeitete, wie zum Beispiel für Mack Sennets Keystone Pictures oder später für Essanay, Mutual oder First National, sorgte dies oft für Konflikte mit Kollegen oder seinen Auftraggebern, die an »bewährten Erfolgen« anknüpfen und nicht unnötig teures Filmmaterial für neue Ideen riskieren wollten. Doch der Erfolg gab ihm recht, und auch wenn er im Lauf der Jahre immer bessere Verträge mit höherer Gage und mehr künstlerischen Freiheiten bekam, so sehnte er jahrelang den Zeitpunkt herbei, an dem er die alleinige und hundertprozentige Verantwortung für seine Arbeit übernehmen konnte. Ende 1922 war es mit dem Auslaufen seines Vertrags bei First National endlich so weit.

Erfolgstipp:
Neugierig zu sein und Neues zu lernen ist nur der Anfang. Neues Wissen, neue Fähigkeiten und Fertigkeiten werden anfangs bewusst und gezielt erlernt. Im Laufe der Zeit und bei regelmäßiger Anwendung geht das Erlernte ins Unterbewusstsein über, und Sie können noch effektiver darauf aufbauen. Versuchen Sie stets, das Gelernte weiterzuentwickeln und darauf aufzubauen. Alle großen Errungenschaften, Erfindungen und Erfolge der Menschheit beruhen darauf, dass jemand bereits vorhandenes Wissen übernahm beziehungsweise erlernte und weiterentwickelte.

DISZIPLIN UND ÜBUNG

Schon der 10-jährige Charlie hat in einer Truppe von Holzschuhtänzern in den damaligen Music Halls eine unvergleichliche Ausbildung in Methodik, Technik und Disziplin mitbekommen. Ein Auftritt musste das Publikum in einem relativ kurzen Zeitraum – zwischen 6 und 16 Minuten – begeistern und unvergesslich bleiben.

Das Publikum kannte keine Nachsicht, die Konkurrenz war gnadenlos, und die Künstler mussten vom ersten Moment an überzeugen. Das Wissen um den richtigen Aufbau der Nummer war unabdingbar. Der Künstler musste lernen, mit jedem Publikum zurechtzukommen, bei den lethargischen Montagsvorstellungen ebenso wie mit den Rowdies Samstagnacht.

Chaplins Lernwilligkeit, Disziplin und Liebe zur Schauspielerei beschleunigten seine Entwicklung und Karriere bereits in seiner Jugend enorm. Täglich übte er stundenlang, um sich selbst Geige- und Cellospielen beizubringen, auch wenn er nie Noten lesen konnte. In späteren Jahren waren seine enorme Disziplin und seine Bereitschaft, ständig zu üben und zu wiederholen, eine wichtige Voraussetzung zur Entwicklung und Verwirklichung seiner filmischen Meisterwerke.

Erfolgstipp:
Wenn Sie es auf einem Gebiet zur Meisterschaft bringen wollen, dann geht das nur mit Disziplin und Übung. Egal ob Sie ein Sportprofi, ein Speaker, ein Verkäufer, ein Recruiter, ein Künstler oder ein Musiker sind – ohne intensives und meist jahrelanges Üben und Trainieren geht es nicht.

Die erfolgreichsten Menschen der Welt sind sich darüber einig, dass es – egal in welcher Tätigkeit oder Disziplin – mindestens 10.000 Wiederholungen braucht, um etwas zur Meisterschaft zu bringen und es an die Spitze zu schaffen. 10.000 Wiederholungen benötigen Zeit, Disziplin, Kraft und Anstrengung. Aber es lohnt sich. Denn dann sind Sie auf diesem Feld ein Vollprofi, und Ihr Unterbewusstsein hat Ihre Fähigkeiten und Fertigkeiten so absorbiert, dass sie Ihnen scheinbar mühelos und spielerisch von der Hand gehen. Manch anderer mag Sie dann als »Naturtalent« bezeichnen und ahnt nicht, wie viel Sie in Ihren Erfolg investiert haben.

SEINEN ZIELEN UND TRÄUMEN TREU BLEIBEN

Schon im Alter von elf oder zwölf Jahren, als Chaplin mit den Eight Lancashire Lads auf Tournee war, entwickelte er den Ehrgeiz, ein Star zu werden. Damals war er einer von acht Tänzern der Gruppe, er träumte aber von einer Solonummer. »Ich wäre gerne ein kleiner Komiker gewesen, doch allein auf der Bühne zu stehen, verlangte großen Mut«[23], erinnerte sich Chaplin später in seiner Autobiografie.

Akrobaten verdienten damals mehr als Tänzer, daher übte er intensiv Akrobatik und hatte eine Zeit lang das Ziel, ein »jonglierender Komiker« zu werden. Auch in der Zeit, in der er als Hausbursche oder Laufjunge arbeiten musste, verlor er nie das Ziel aus den Augen, Schauspieler zu werden.

Als der Bühnenagent Mr. Blackmore ihm dann seine erste Chance gab, die Rolle des Zeitungsjungen Sammy, stand der kleine Charlie vor der nächsten großen Herausforderung – er konnte kaum lesen. Sein Bruder Sydney las ihm die Rolle vor, und binnen drei Tagen konnte Chaplin das ganze Stück, das 35 Seiten umfasste, auswendig. (Chaplin konnte auch im hohen Alter noch ganze Theaterstücke – nicht nur seine eigene Rolle – auswendig aufsagen.)

Auch wenn das Stück mangels Erfolges bereits nach zwei Wochen abgesetzt wurde, bekam Chaplin erstes Lob von den Kritikern. So schrieb zum Beispiel die *Topical Times*, die das Stück verriss, am Ende:

> »Immerhin enthält das Stück eine Rolle, die versöhnlich stimmt, nämlich die des Sammy, ein Zeitungsjunge, ein gewitzter Londoner Gassenbub, der fast alles beisteuert, was an dem Stück komisch ist. Obwohl Sammy nur abgedroschene Phrasen vorzubringen hat, wirkt er, gespielt von Master Charles Chaplin, einem intelligenten und lebhaften Kinderdarsteller, höchst belustigend. Ich habe noch nie etwas von ihm gehört, hoffe aber in Zukunft große Dinge von ihm zu hören.«[24]

Chaplin blieb seinen Zielen und Träumen immer treu, seit er als 5-Jähriger zum ersten Mal auf der Bühne gestanden hat.

> **!**
>
> **Erfolgstipp:**
> Seinen Zielen und Träumen treu zu bleiben ist oft ein steiniger und mühsamer Weg. Manchmal ergeben sich Gelegenheiten scheinbar einfach, zumeist ist aber voller Einsatz notwendig, um eine Chance zu bekommen. Wenn Sie gerade Rückenwind haben, nutzen Sie diesen und lassen Sie in Ihren Anstrengungen keinesfalls aus Bequemlichkeit nach! Wenn Sie gerade Gegenwind haben, dann verstärken Sie Ihren Einsatz, wenn es notwendig ist, um Ihr Ziel zu erreichen.
>
> Egal wie andere reagieren – ob sie Sie ermuntern und unterstützen oder ob sie Sie belächeln und Ihnen Steine in den Weg legen –, es ist Ihr Ziel. Geben Sie niemals auf. Niemals. Nie!

SICH SELBST TREU BLEIBEN

Chaplin arbeitete bereits vor der Premiere von *The Circus* (1928) an einer neuen Filmidee. Während der zwei Jahre, in denen *The Circus* produziert wurde, hatte der Tonfilm Einzug gehalten und erhob den klaren Anspruch zu bleiben.

Ein lange gehütetes Geheimnis der Filmgeschichte, das der Biograf David Robinson lüftete, war, dass Chaplin in der Lage gewesen wäre, diese Revolution fast ein Jahrzehnt früher in Gang zu setzen. Bereits 1918 hat nämlich der Erfinder Eugéne Augustin Lauste ihm diese Technik in einem Brief angeboten. Chaplin war von der Idee fasziniert, aber zu beschäftigt, um die Angelegenheit weiter zu verfolgen. Am 8. Juli 1928 zeigte Warner Brothers den ersten Ton- und Sprechfilm – *Lights of New York* von Brian Foy. Wie allen anderen waren auch Chaplin die technischen Mängel der ersten Tonfilme bewusst, und er erklärte noch 1931: »Ich gebe den Talkies drei Jahre, höchstens.«[25]

Er gab zahlreiche Interviews, in denen er dem Tonfilm keine Chance gab. Vielleicht glaubte er selbst nicht an seine Worte, aber er wusste, wie viel er zu verlieren hatte, wenn er gezwungen wäre, Sprechfilme zu machen. Chaplin hatte die stumme Pantomime zur internationalen Sprache gemacht und begeisterte ohne Sprachbarrieren sein Millionenpublikum in Ländern auf der ganzen Welt. Zu sprechen würde den Tramp seiner Universalität berauben, und wie sollte er überhaupt sprechen?

Am Beginn dieser Zeitenwende in Hollywood stand Chaplin vor der Wahl: Sollte er es wagen, einen Sprechfilm zu machen, und die ikonische Figur des Tramps einer noch mangelhaften Technik opfern? Oder sollte er auf dem Gipfel seines Ruhms aufhören und sich zur Ruhe setzen?

Für Chaplin stand außer Zweifel, dass er weiter Stummfilme machen musste, auch wenn diese Entscheidung ein ungutes Gefühl bei ihm hinterließ. Er entwickelte zahlreiche Ideen und verwarf sie wieder, bis er schließlich zur Geschichte von *City Lights* gelangte. Über Monate entwickelte Chaplin die Story und beauftragte die Herstellung der Kulissen und Requisiten. Während der Produktionszeit von *City Lights* starb Chaplins Mutter, zum ersten Mal sah er jemanden, der ihm nahestand, im Tode.

Die Produktion des Films, besonders mancher Szenen, war für Chaplin herausfordernd. Der Druck wurde durch den Durchbruch des Tonfilms noch verstärkt. Chaplin war von seinem Film überzeugt, doch es ist anzunehmen, dass ihn die Erfolge der ersten Sprechfilme manchmal verunsichert haben.

Er blieb trotz aller Herausforderungen sich selbst und seinen Überzeugungen treu und arbeitete mit übermenschlicher Disziplin und seinem unerreichten Qualitätsanspruch an diesem Stummfilm, während ganz Hollywood sich bereits dem Tonfilm zugewandt hatte.

City Lights feierte am 30. Januar 1931 Premiere. Noch auf dem Weg zur Premiere quälten Chaplin Sorgen, dem Publikum könnte der Film nicht gefallen. Doch das Publikum war von der ersten Szene an begeistert und feierte ihn. Vier Jahre nach der endgültigen Etablierung des Tonfilms hatte er einen Stummfilm gemacht.

Chaplin ging unmittelbar nach der Filmpremiere fast eineinhalb Jahre auf Reisen und kehrte erst im Juni 1932 nach Hollywood zurück. Sein Interesse für Wirtschaftspolitik und gesellschaftliche Fragen ließen die Blaupause für seinen Film *Modern Times* entstehen. Er entwickelte die Geschichte und den Aufbau des Films, und die Vorbereitungen für den Drehbeginn liefen auf Hochtouren. Das Chaplin-Studio war eines der letzten, das noch eine unüberdachte Bühne hatte. Es wurden Vorbereitungen getroffen, sie zu schließen und auf den modernen Stand der Ton-Ära zu bringen.

Selbst nach dem Drehen der ersten Szenen war sich Chaplin noch unschlüssig, was den Ton betraf. Seine öffentlichen Erklärungen dazu waren weiterhin deutlich ablehnend, aber hinter den Mauern seines Studios machten er und seine Filmpartnerin Paulette Goddard Sprechproben. Chaplin hatte sich für einen Tonfilm gewappnet, und ein Dialogskript[26] wurde vorbereitet.

Die ersten Dialogszenen stellten Chaplin jedoch nicht zufrieden, und er entschied sich, *Modern Times* auch als Stummfilm zu produzieren, jedoch – wie *City Lights* – mit von ihm selbst komponierter Musik untermalt. Als der Film am 5. Februar 1936 Premiere feierte, war das Publikum begeistert. Fast ein Jahrzehnt nach dem Durchbruch des Tonfilms hatte Chaplin mit *Modern Times* einen weiteren Stummfilm präsentiert. Es ist ein Meisterwerk der Filmgeschichte, das bis heute – fast ein Jahrhundert später – seine Zuschauer begeistert.

!

Erfolgstipp:
Wenn Sie von sich, Ihrer Idee oder Ihrem Produkt überzeugt sind, dann stehen Sie felsenfest dazu. Egal wer sich Ihrer Überzeugung in den Weg stellt – ob mit Worten oder Taten –, lassen Sie sich nicht von Ihrem Weg abbringen. Nehmen Sie konstruktive Kritik ernst, wenn diese von Menschen kommt, die auf dem Gebiet, in dem Sie nach Erfolg streben, schon erfolgreich sind. Aber ignorieren Sie die Neinsager, die von dem, was Sie tun, keine Ahnung haben. Selbst wenn sich Ihre Kritiker als vermeintliche Experten präsentieren, fehlt ihnen doch oft der Weitblick, mit dem Sie an Ihre Ideen und Ziele herangehen.

Wie haben Anfang des Jahres 2001 die Internet-Pioniere reagiert, als einer der berühmtesten Zukunftsforscher in einer wissenschaftlichen Studie feststellte: »Das Internet wird kein Massenmedium«[27]?

NEUE MASSSTÄBE SETZEN

Das Setzen neuer Maßstäbe war eine von Chaplins absoluten Königsdisziplinen. Er erlebte in seiner Jugend die »Geburtsstunde« des Mediums Film, die holprigen Anfänge einer neuen Kultur der Unterhaltung und eines völlig neuen Wirtschaftszweiges. Chaplin entschied sich zuerst, als Schauspieler sein Glück zu versuchen, und musste nach den Regeln der ersten Pioniere des Films, der ersten Filmproduzenten, spielen. Nach kurzer Zeit entschied er sich, die Regeln des Filmemachens neu zu definieren, neue Maßstäbe zu setzen und die Geschichte des Films zu prägen wie kein anderer.

Seine ersten Wochen bei Keystone waren keineswegs glücklich, er hatte manchmal das Gefühl, einen Fehler gemacht zu haben. Er hatte seine Bühnenkarriere aufgegeben, kam als blutjunger Anfänger zum Film und musste sich erst mit den grundlegendsten Prinzipien vertraut machen: dem Schnitt, dem Drehen in nicht chronologischer Reihenfolge und so weiter. Er hatte die Befürchtung, dass seine eigene subtile und zeitlich sorgfältig abgestimmte Komik völlig untergehen würde, da das Tempo auf das Herumgehüpfe und Grimassenschneiden der damaligen Filme abgestimmt war.

Schnell eignete sich Chaplin die Grundlagen an und wollte sie weiterentwickeln. Er begann, erfahrene, erfolgreiche Regisseure wie Henry Lehrman zu kritisieren und deren Kompetenz anzuzweifeln. Chaplin wollte endlich selbst bei einem Film Regie führen, womit Sennett nicht einverstanden war, da er im Falle eines Flops nicht auf den Produktionskosten sitzen bleiben wollte. Als Chaplin sich bereiterklärte, notfalls mit seinen Ersparnissen die Kosten zu tragen, gab Mack Sennett nach.

Als Chaplin Anfang 1914 bei Keystone anfing, war die Technik der Regie höchst einfach. Chaplin schreibt dazu in seiner Autobiografie:

> »Bei Auftritten und Abgängen war nur darauf zu achten, dass diese auf der richtigen Stelle stattfanden. Ging man in einer Szene rechts ab, musste man in der nächsten Szene von links kommen; ging man gegen die Kamera ab, trat man das nächste Mal mit dem Rücken zur Kamera auf.«[28]

Chaplin entdeckte mit zunehmender Erfahrung aber, dass die Platzierung der Kamera nicht nur psychologisch von Bedeutung war, sondern einer Szene erst konkret einen Akzent gab – sie bildete die Grundlage eines Filmstils. Steht eine Kamera zu nah oder zu weit weg, kann das einen Effekt unterstreichen oder verderben. Ob Großaufnahme oder Totale muss man nach dem Gefühl entscheiden. Je nach Situation kann damit die Wirkung einer Szene besser erreicht werden. Ein Beispiel für diese konkreten Erfahrungen beschrieb Chaplin anhand seiner Komödie *The Rink* (1916):

> »Der Tramp betritt die Eisbahn, läuft auf einem Bein Schlittschuh, er rutscht, dreht sich, stolpert und stößt gegen die anderen. Er richtet alles mögliche Unheil an; schließlich liegen alle übrigen im Vordergrund auf dem Rücken, während er dem Hintergrund der Eisbahn zustrebt, immer kleiner wird und schließlich, unter den Zusehern sitzend, das Durcheinander betrachtet, das er angerichtet hat. Dabei ist der im Hintergrund sitzende Tramp komischer, als er in einer Großaufnahme hätte sein können.«[29]

Chaplin lernte bei Keystone einiges, prägte aber mit seiner Theatererfahrung sehr schnell die Entstehung eines Films. Sein Gespür für Anordnung und Bewegung der Darsteller sowie für schlichtes, natürliches Gebärdenspiel ließ die Plumpheit seiner Vorgänger hinter sich.

> »Auf diese Weise schöpferisch tätig zu sein, machte das Filmen zu einer aufregenden Angelegenheit. Das Theater hatte mich auf eine starre, niemals sich verändernde Routine festgelegt, die Abend für Abend dieselben Vorgänge auf der Bühne wiederholte. [ ] Es war erprobt, und man versuchte fast nie, etwas Neues einzuführen. [ ] Beim Film war man freier.«[30]

Chaplin war wie ein Schwamm, der alles aufsaugte, was er lernen konnte, persönliche Erfahrungen einbrachte und innovativ neue Ideen entwickelte und testete. Anfänglich geschah das noch gegen massive Widerstände seiner Arbeitgeber, die keine Lust auf kostspielige Experimente hatten, denn Filmmaterial war teuer. Doch mit zunehmender finanzieller und künstlerischer Freiheit konnte Chaplin mutiger, entschlossener und kompromisslos an seinen Ideen und deren Realisierung arbeiten.

Chaplin empfand bereits 1914 – bei den Dreharbeiten zu *The New Janitor* – zum ersten Mal das Verlangen, seine Filme um eine Dimension über das Komische hinaus zu erweitern. In einer Szene wirft ihn sein Chef hinaus, und Chaplin fleht ihn an, doch Mitleid mit ihm zu haben und ihm seine Arbeitsstelle zu lassen. Er gibt durch eine zu Herzen gehende Pantomime zu verstehen, dass er viele kleine Kinder habe. Dies war zwar ironisch gemeint, doch die Reaktionen der anderen anwesenden Schauspieler überraschten Chaplin. Einige lachten, andere brachen in Tränen aus. Sie bestätigten in dem Moment etwas, was er schon lange gespürt hatte: seine Fähigkeit, sowohl Tränen als auch Lachen hervorzurufen.

Chaplin brachte zwei grundlegende Neuerungen zu Keystone: Erstens gelang es ihm, trotz aller Zweifel und Widerstände von Sennet das wilde Hals-über-Kopf-Tempo zu bremsen. Zweitens brachte er eine neue Subtilität in die Komik.

Die Filmkomik war damals rein äußerlicher Natur: Die Geschichten und die Situationen wurden durch Pantomime und Gebärdenspiel illustriert. Chaplins Komik jedoch kam von innen heraus. Der Biograf David Robinson fasste es perfekt zusammen:

> »Er verkörperte Gedanken und Gefühle für die Zuseher, und die Komik lag im Verhältnis dieser Gedanken und Gefühle zu dem, was um ihn herum geschah. Das komische Ereignis selbst war nicht der entscheidende Punkt in Chaplins Komik, sondern Chaplins Beziehung und Einstellung dazu. Im Keystone-Stil brauchte man nur gegen einen Baum zu rennen, um komisch zu wirken. Doch wenn Chaplin gegen einen Baum rannte, war nicht der Zusammenstoß witzig, sondern die Tatsache, dass er reflexartig den Hut zog vor dem Baum, um sich zu entschuldigen.«[31]

Zwischen dem bisherigen »Keystone-Stil« und Chaplins »neuer« Komik bestand folglich ein grundlegender Unterschied: Bei Keystone ging es um *Illustration*, bei Chaplin um *Expression*. Dass Chaplins expressiver Stil unmittelbar und universell verstanden wird, war der ausschlaggebende Faktor dafür, dass Chaplin auf Anhieb weltweite Berühmtheit erlangte.

> **!**
>
> **Erfolgstipp:**
> Es ist wichtig, zu lernen und Gelerntes weiterzuentwickeln, um Profi beziehungsweise Experte zu werden. Doch wenn Sie in Ihrem Gebiet zum Pionier werden wollen, dann müssen Sie völlig neue Maßstäbe setzen. Egal ob Sie Künstler, Unternehmer, Erfinder oder Angestellter sind, der Schritt vom Experten zum Pionier oder Leader gelingt nur, wenn Sie die nächste Ebene erreichen und neue Standards setzen.

SEINE MISSION LEBEN

Aus Chaplins Kindheitstraum, ein erfolgreicher Schauspieler und Star zu werden, wurde rasch eine Weltkarriere. Chaplins Erfolg, seine Begeisterung fürs Filmemachen, sein kompromissloser Qualitätsanspruch und sein Streben nach Innovation nahmen ihn völlig in Anspruch.

Chaplin galt schnell als begehrtester Junggeselle in Hollywood, und unzählige Frauen versuchten, seine Bekanntschaft zu machen, sein Herz zu erobern und beim Film Karriere zu machen. Chaplin schrieb in seiner Autobiografie über seine Frauen, Affären und all den Schmerz und das Unglück, das er erlebte, bevor er 1943 die Liebe seines Lebens, Oona O'Neill, kennenlernte, mit der er bis zu seinem Tod 1977 glücklich war.

Er gab aber auch unumwunden zu, dass seine Arbeit immer an erster Stelle gestanden hat, die Konzentration auf sein jeweils gerade aktuelles Werk ihn gänzlich beanspruchte und daneben keine Zeit für anderes blieb. Manchmal arbeitete er, ohne zu schlafen, mehrere Tage durch – besonders wenn es um den Schnitt und die Fertigstellung eines Films ging. Die wenige Freizeit, die er sich gönnte, verbrachte er mit engen Freunden wie Douglas Fairbanks und mit sportlichen Aktivitäten wie Tennis.

Chaplin lebte seine Mission mit solcher Hingabe und war so in seine Projekte vertieft, dass seine ersten drei Ehen nicht lange hielten und traurig endeten. Während der Dreharbeiten von *The Kid* war er dermaßen in seine Arbeit versunken, dass er von der Scheidungsklage seiner Ehefrau Mildred Harris überrascht wurde.

Die Tatsache, dass Chaplin mit 54 Jahren sein privates Glück gefunden hatte, mag ein Trost sein, denn in den Jahrzehnten davor gab es nur seine Arbeit und sein Werk für ihn. Dies zu werten steht uns nicht zu. Viele Genies der Menschheitsgeschichte haben alles andere ihrer Lebensmission untergeordnet – zumindest eine Zeit lang.

Chaplin war bereit, diesen – oft schmerzhaften – Preis zu bezahlen, in dem Wissen, dass ihm seine Arbeit und sein Lebenswerk in dieser Zeit mehr Erfüllung gaben und alles im Leben seine Zeit hat. Unabhängig davon, wie jeder Einzelne dazu stehen mag, war diese Hingabe und Fokussierung auf sein Werk unabdingbar für Chaplins herausragenden Erfolg.

!

Erfolgstipp:
Ein wahrhaft glückliches und erfülltes Leben besteht aus mehreren Elementen: Gesundheit, Beziehungen, Finanzen, Emotionen, Lebenssinn (Erfüllung). Jeder mag die Bedeutung dieser Bereiche unterschiedlich gewichten – es ist jedoch unmöglich, einen dieser Bereiche gänzlich zu streichen und trotzdem ein glückliches Leben zu führen. Daher verdient jeder dieser Bereiche Ihre Aufmerksamkeit, keiner darf zu lange vernachlässigt werden. Wenn Sie jedoch aus Ihrem Leben ein Meisterwerk machen wollen, müssen Sie Ihren Lebenssinn finden und seiner Erfüllung folgen. Nur dann setzen Sie Ihre Gesundheit und Ihre Finanzen für Ihr Lebenswerk ein und dienen damit anderen Menschen (Beziehungen) und fühlen sich wahrhaft glücklich und frei (Emotionen).

MUT

Hätte Chaplin nicht den Mut und die Entschlossenheit gehabt, Neues zu wagen und auch unbekannte Wege mit Entschlossenheit zu verfolgen, wäre er wahrscheinlich in die Fußstapfen seines Vaters getreten – als Sänger und Entertainer mit lokal begrenzter Bekanntheit.

Auch wenn Mut eine der grundlegenden Charaktereigenschaften von Chaplin war und sich diese durch seine ganze Lebensgeschichte gezogen hat, seien hier einige besondere Erlebnisse und Momente hervorgehoben. Erlebnisse und Entscheidungen, die richtungsweisend für ihn waren und in denen sein Mut ausschlaggebend dafür war, Neues zu wagen und (Film-)Geschichte zu schreiben.

Die Bewerbung bei Fred Karno

Im Herbst 1907 war Chaplin arbeitslos, während sein Bruder bereits seit Sommer 1906 bei dem Theaterproduzenten Fred Karno unter Vertrag war. Charlie mietete sich wieder bei Mrs. Fields ein, wo er bereits vor seiner Tournee gewohnt hatte. Sydney zahlte von seinem Verdienst Charlies Kost und Logis, während er Mr. Karno seinen »begabten jüngeren Bruder« als Nachwuchstalent anpries. Dieser hatte jedoch kein Interesse, denn er fand, Charlie sei mit 18 Jahren viel zu jung.

Chaplin wagte in der Zwischenzeit einen Probeauftritt in der »Foresters Music Hall«, um einen Produzenten von seinem Talent zu begeistern. Er probierte sich mit einem jüdischen Sketch. Chaplin erinnerte sich in seiner Autobiografie daran: »Ich wusste und wollte es zwar nicht, aber meine Posse war im höchsten Grade antisemitisch; die Pointen waren nicht nur uralt, sondern ebenso kümmerlich wie mein jüdischer Akzent. Schlimmer noch, ich war nicht die Spur komisch.«[32]

Auch wenn der junge Charlie dafür unter Gespött von der Bühne abtrat, tat das seiner Entschlossenheit keinen Abbruch. Karno zeigte weiterhin kein Interesse an Charlie, aber Sydney konnte ihn im Februar 1908 wenigstens dazu überreden, Charlie einen zweiwöchigen Probeauftritt zuzugestehen, mit Aussicht auf einen Vertrag, sollte er sich als »brauchbar« erweisen. Karno hatte diesbezüglich aber wenig Hoffnung, denn er fand, Charlie sei ein »blasser, mickriger, missmutig aussehender junger Bursche«.[33] Später erinnerte sich Karno: »Ich muss sagen, als ich ihn das erste Mal sah, fand ich, dass er viel zu schüchtern wirkte, um auf der Bühne irgendwas Vernünftiges zustande bringen zu können.«[34] Chaplin wusste, dass er sich seine Chance erst hart verdienen muss und man ihm nicht viel zutraute.

»Der Probeauftritt fand im riesigen Londoner Coliseum statt, das einige Tage zuvor neu eröffnet hatte. Charlie sollte die Rolle des Komiker-Bösewichts spielen [ ] Eigentlich war diese Figur nur dazu bestimmt, den Auftritt von [Hauptdarsteller] Harry Weldon als Stiffy vorzubereiten. Aber Chaplin, geschult in Casey′s Court Circus, hatte ein paar Lacher ausgearbeitet. Er betrat die Bühne mit dem Rücken zum Publikum, er trug einen Zylinder mit einem schwarzen Umhang und hantierte elegant mit einem Spazierstock. Der erste Lacher kam, als er sich plötzlich zum Publikum umdrehte, so dass jedermann sah, dass die schicke Gestalt eine frappierend knallrote Nase hatte. Er machte einen komischen Stolperschritt, verhedderte sich in seinem Spazierstock und stieß mit einem Punchingball zusammen (die Szene spielte in den Trainingsräumen der Mannschaft). Weldon war überrascht und irritiert, vor allem als Chaplin die Lacher, die der Star sich mit improvisierten Texteinlage verdiente, mit seinen eige-

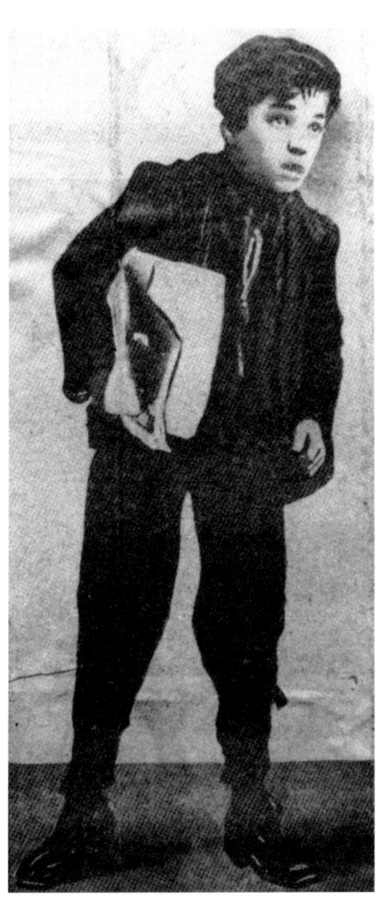

Chaplin als Page Billy in
Sherlock Holmes (1903)

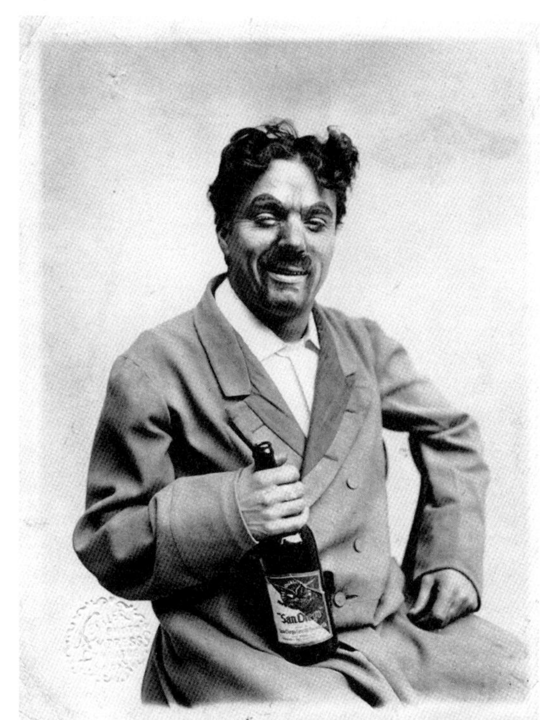

Chaplin spielte den
Betrunkenen in
A Night in a London Club
(Los Angeles, ca. 1911)

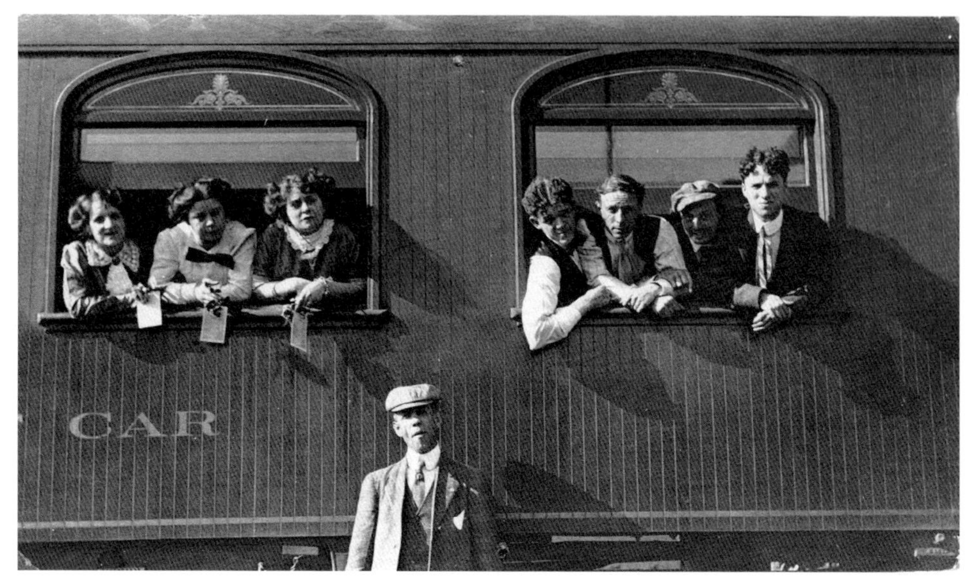

Auf Tournee mit der Truppe von Fred Karno (Chaplin ganz rechts, ca. 1911)

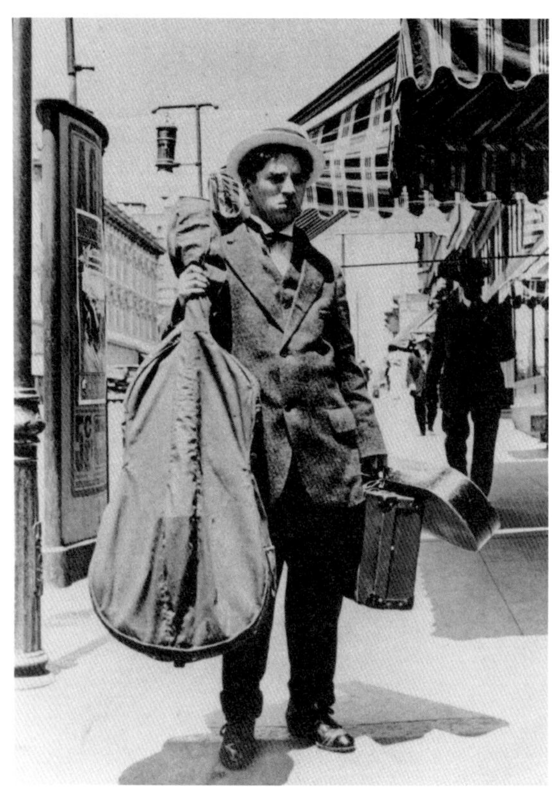

Chaplin auf Tournee bei Fred Karno, immer hatte er sein Cello und seine Geige dabei (1911)

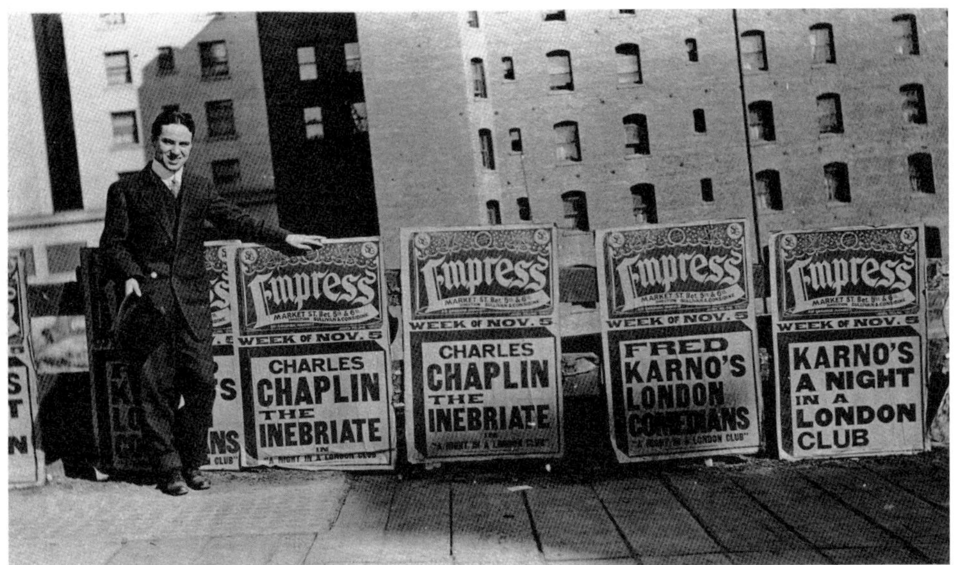

Chaplins Karriere nimmt Fahrt auf, erstmals steht sein Name groß auf den Plakaten (1911)

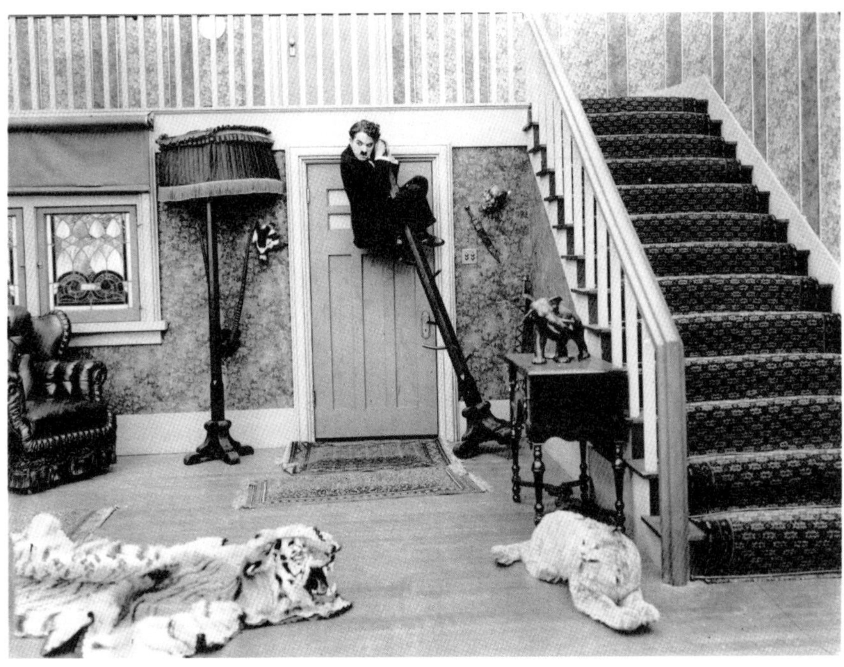

Chaplin war nicht nur ein begnadeter Komiker, sondern auch ein trainierter Athlet, der in vielen Filmen mit Kraft und Beweglichkeit begeisterte; Foto aus dem Film *One A.M.* (1916)

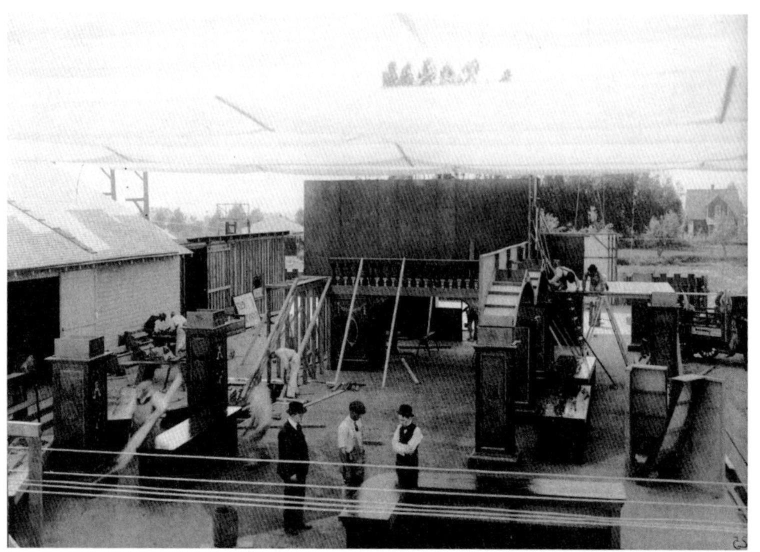

Bei Dreharbeiten im Lone Star Studio für den Mutual-Film *The Floorwalker* (1916)

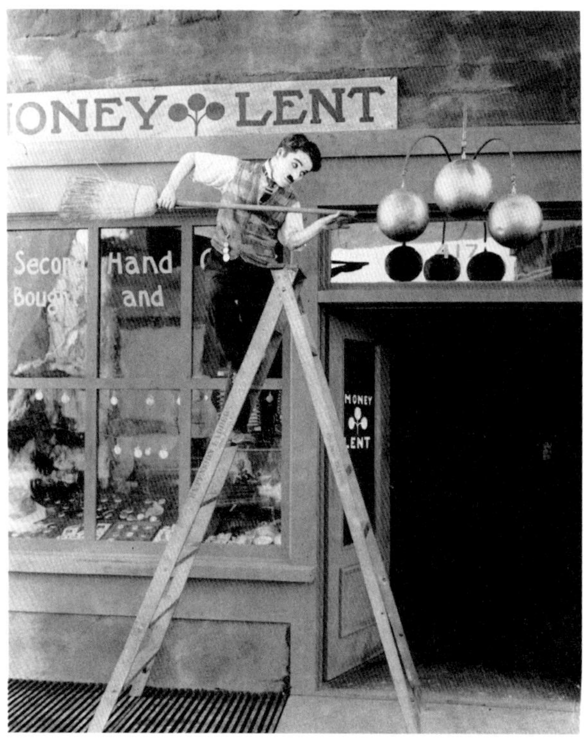

Transposition – Chaplin verleiht Gegenständen eine völlig neue Bedeutung und begründet so zahlreiche einzigartige Gags (*The Pawnshop*, 1916)

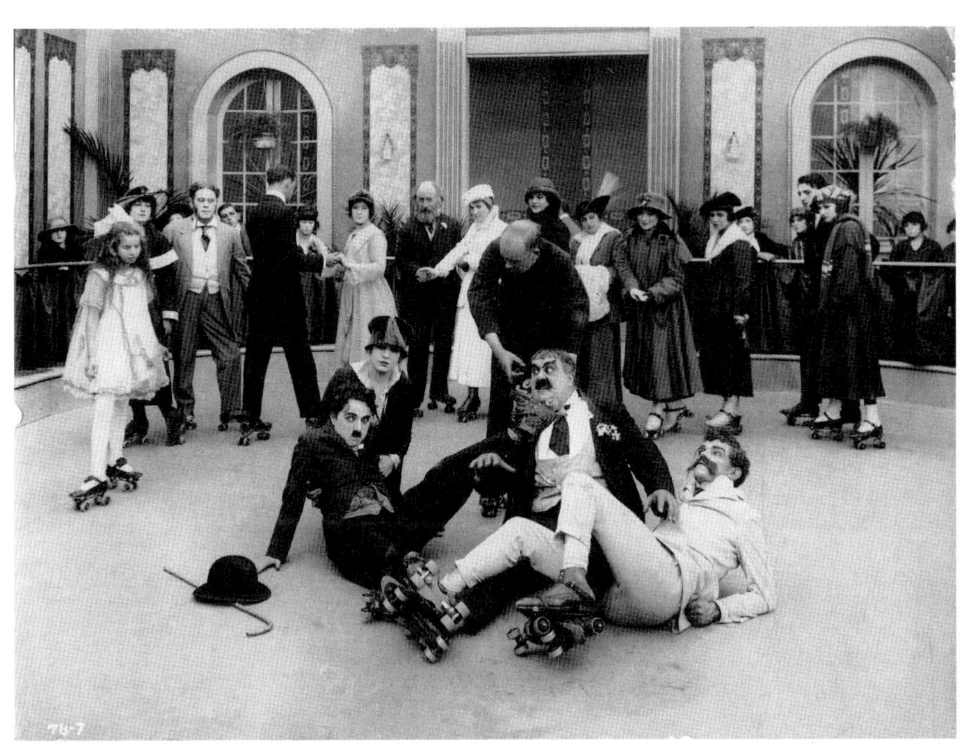

Chaplins Film *The Rink* begeisterte das Publikum (1916)

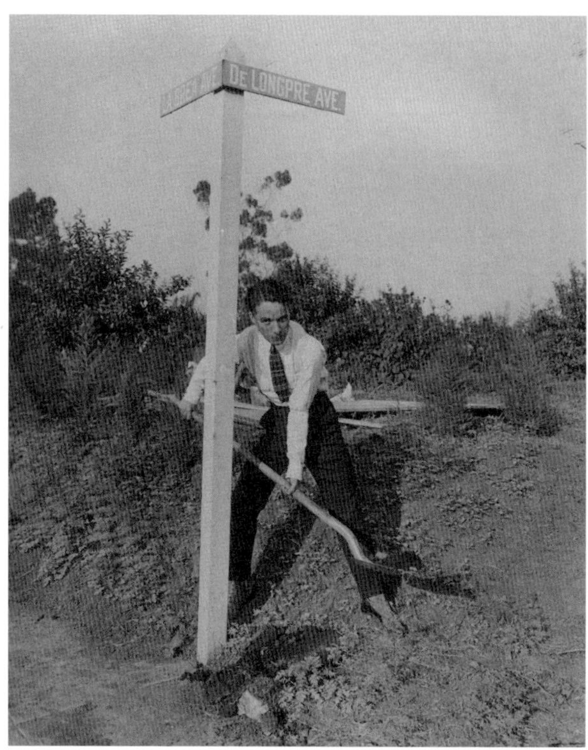

Chaplin beim Spatenstich seines eigenen Studios (1917)

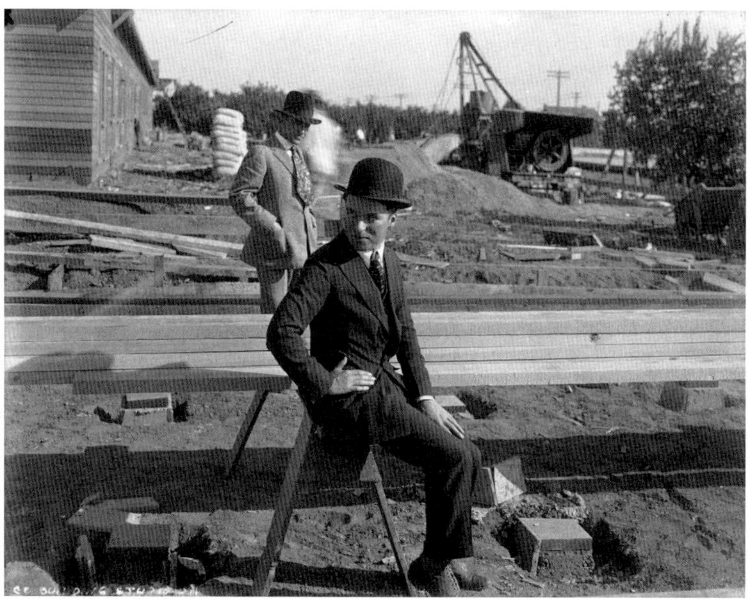

Chaplin plant und überwacht den Aufbau seines Studios (1917)

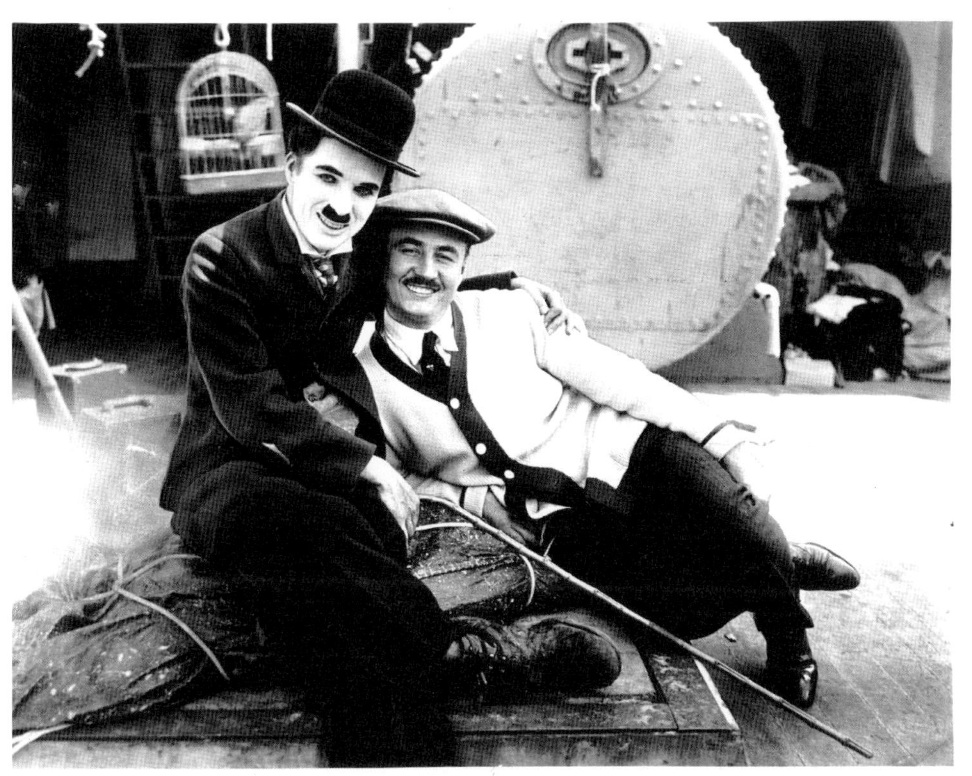

Charlie Chaplin und seinen Bruder Sydney verband lebenslang ein enges Band (Am Set von *The Immigrant*, 1917)

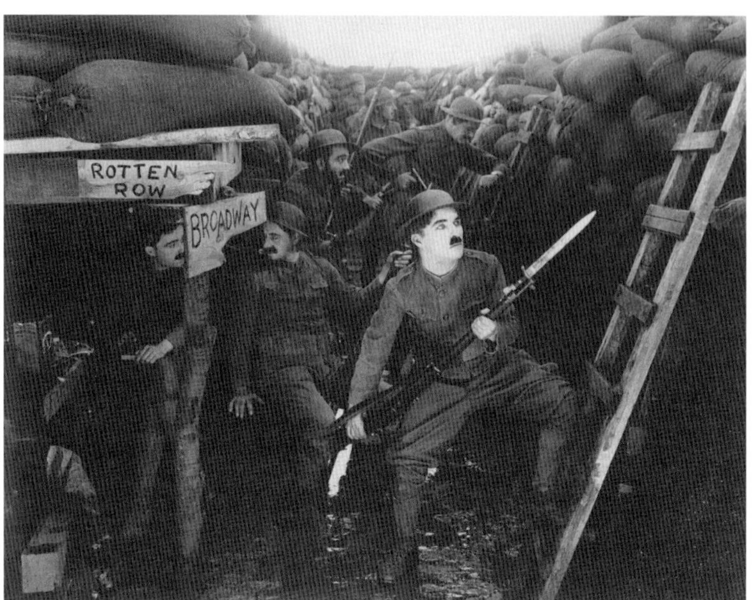

Chaplin traf mit seinem Meisterwerk *Shoulder Arms* den Nerv der Zeit gegen Ende des ersten Weltkrieges (1918)

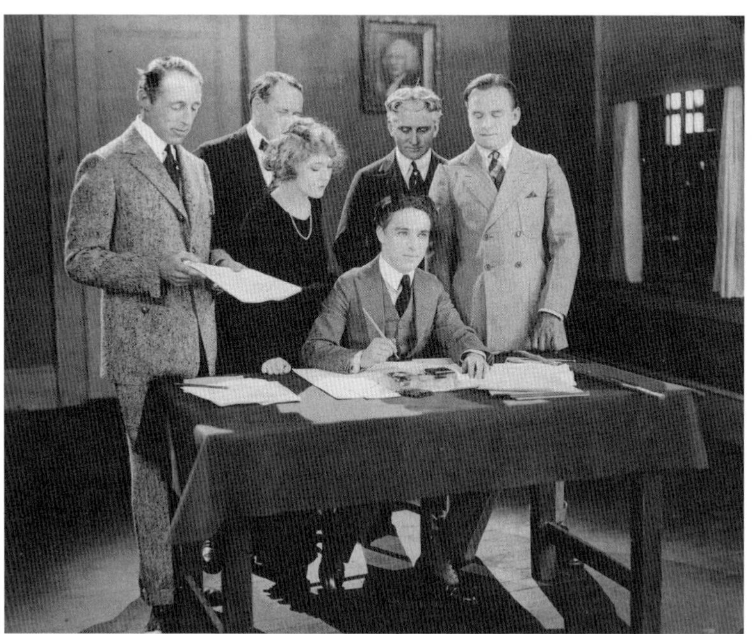

Am 5. Februar 1919 unterzeichnet Charlie Chaplin gemeinsam mit Mary Pickford, Douglas Fairbanks und D.W. Griffith den Gründungsvertrag zu United Artists

In den 1920er-Jahren war Chaplin der Weltstar und auf dem Gipfel seines Ruhms angelangt (ca. 1920)

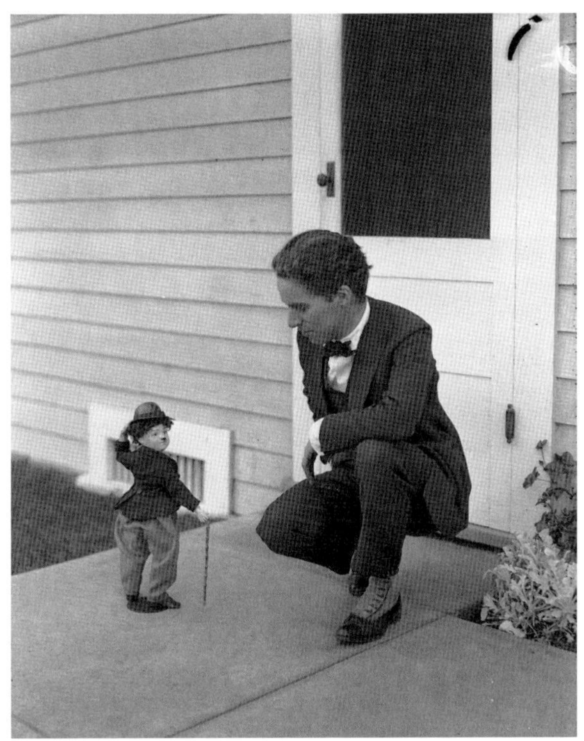

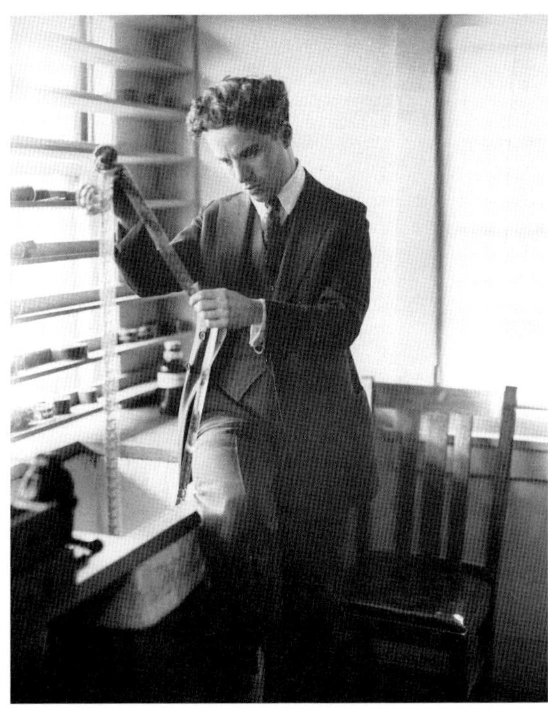

Charlie Chaplin im Schneideraum (ca. 1920)

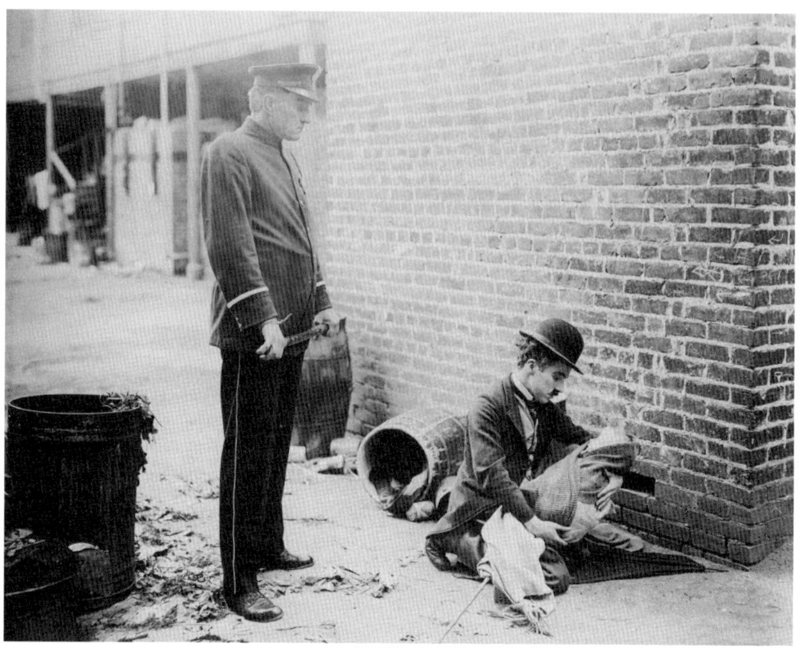

Chaplins Meisterwerk *The Kid* war der erste Film überhaupt, in dem Komödie und Drama gemischt wurden (1921)

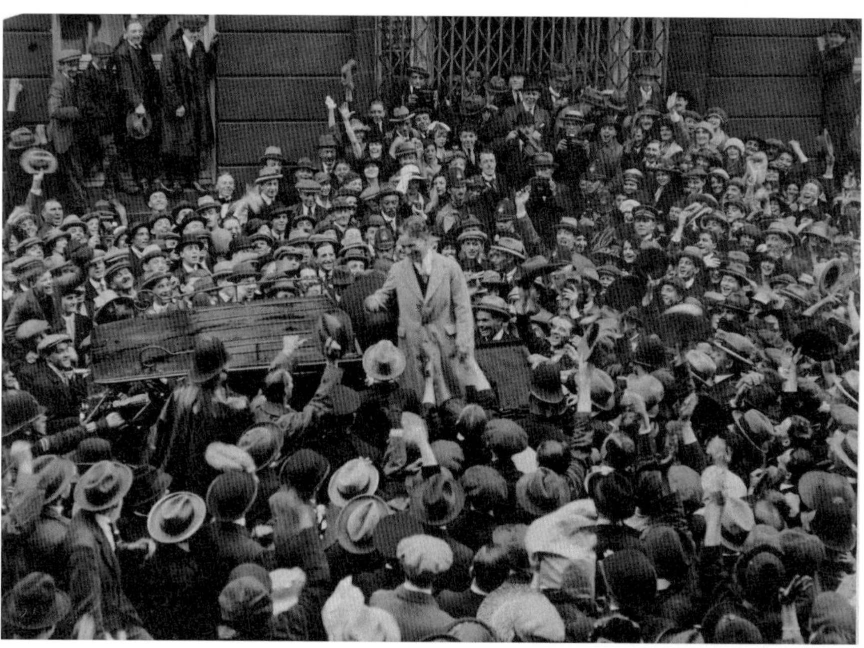

Wo auch immer Chaplin auftauchte, bestürmten ihn die Massen (Foto seiner Reise nach England, 1921)

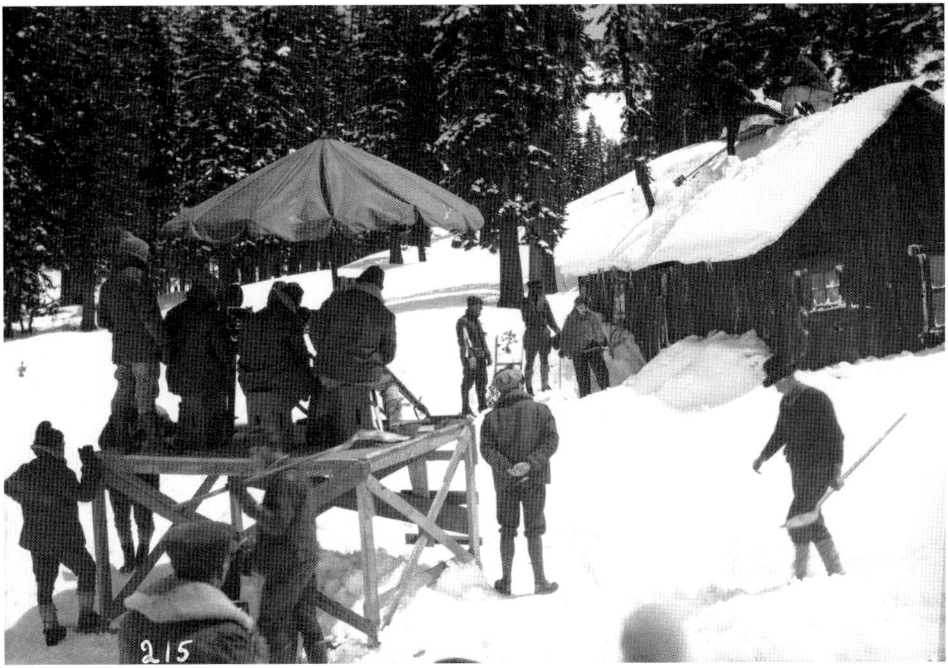

Bei den Dreharbeiten zu *The Gold Rush* (1924)

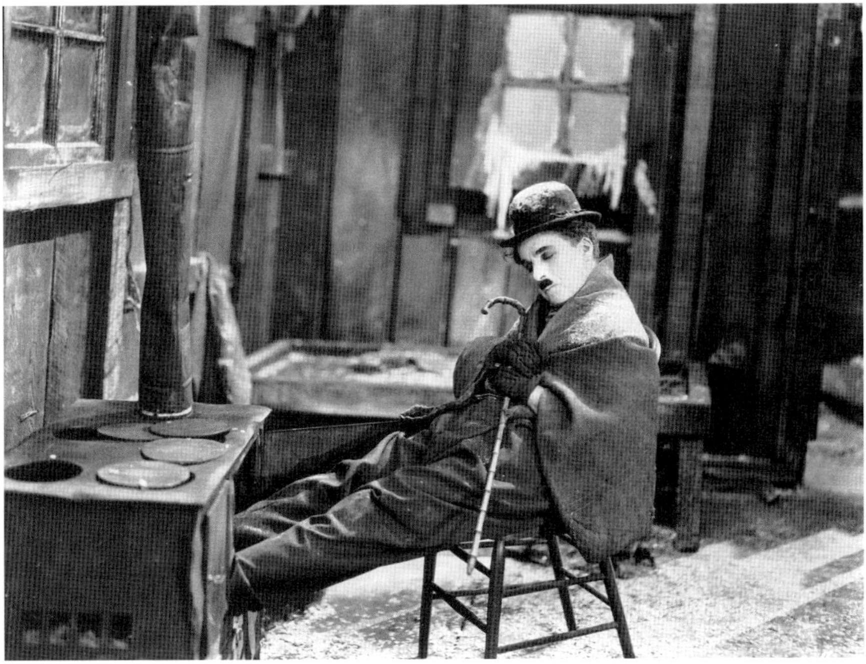

The Gold Rush – einer der bekanntesten Chaplin-Filme (1925)

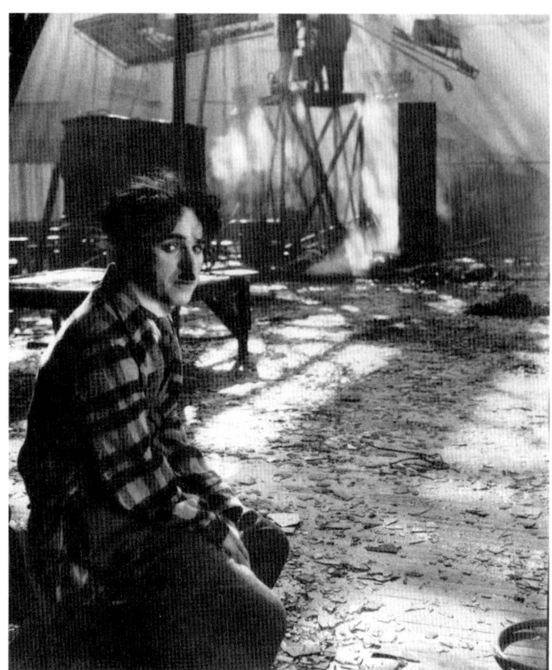

Bei den Dreharbeiten zu *The Circus* brannte das Zirkuszelt völlig ab (1926)

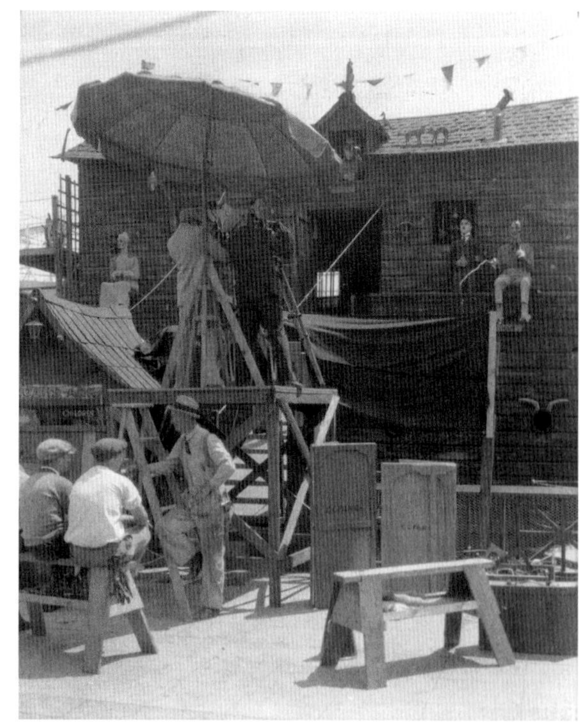

Bei den Dreharbeiten zu *The Circus* (1926)

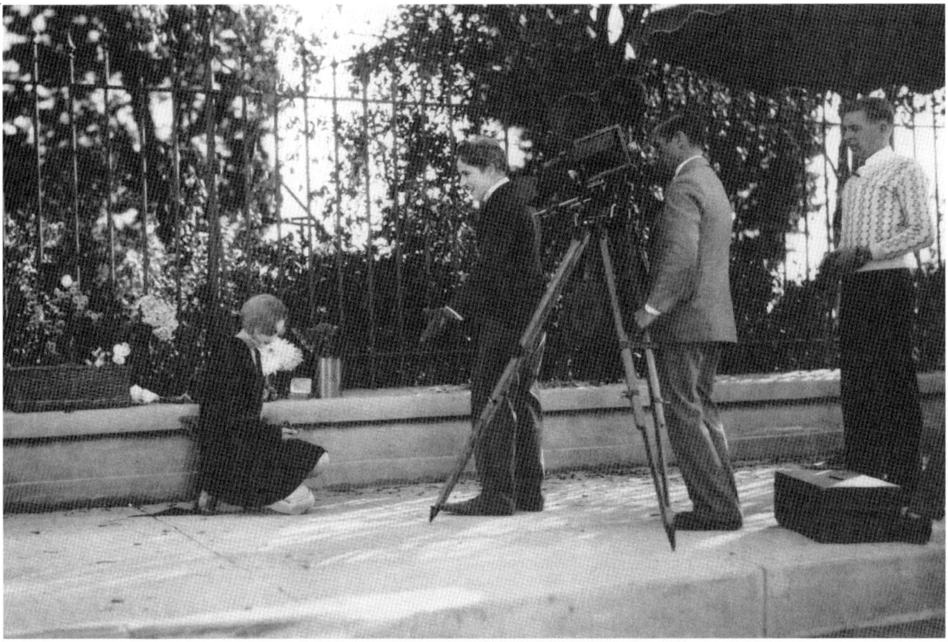

Bei den Dreharbeiten zu einer der Schlüsselszenen in *City Lights* (ca. 1929)

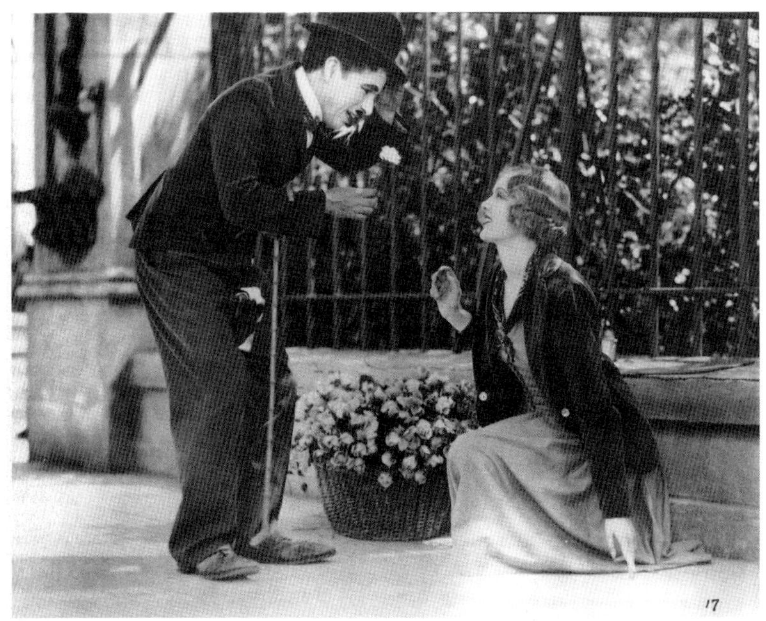

City Lights – auch nach dem Aufkommen des Tonfilms schuf Chaplin ein weiteres Meisterwerk des Stummfilms mit synchronisiertem Soundtrack aus Orchestermusik und Soundeffekten (1931)

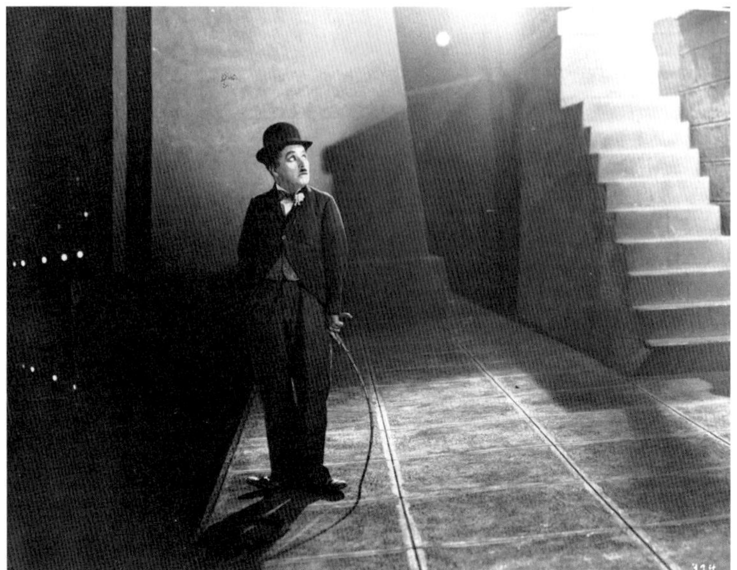

Szene in *City Lights* (1931)

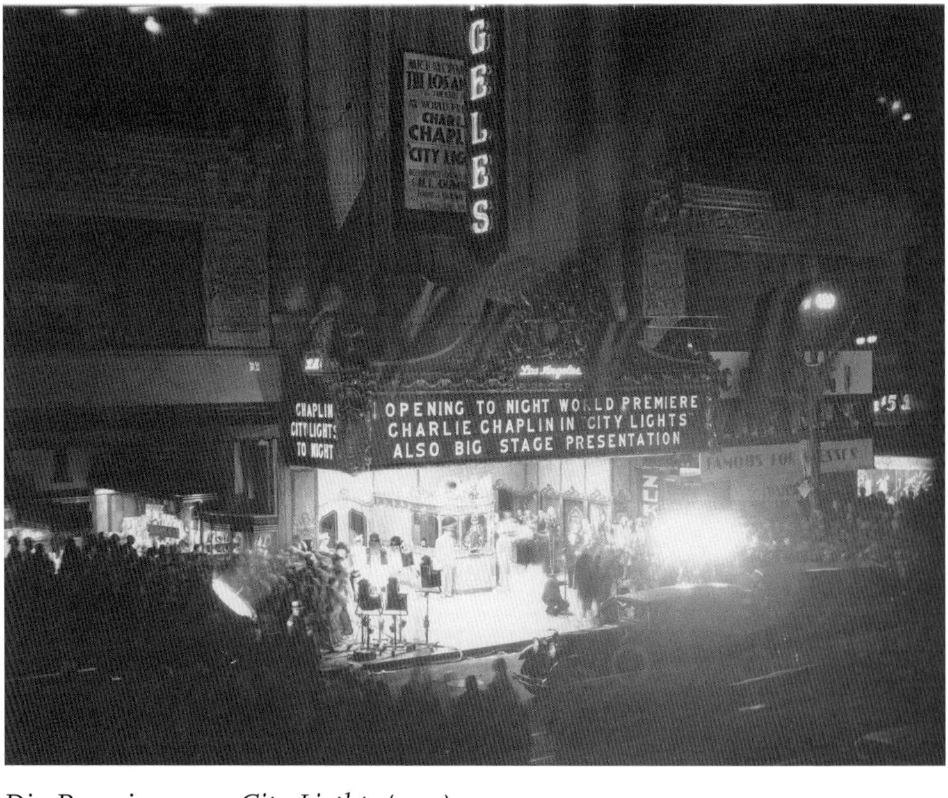

Die Premiere von *City Ligthts* (1931)

Modern Times – ein Stummfilm-Meisterwerk, das fast 10 Jahre nach Einzug des Sprechfilms Premiere feierte (1936)

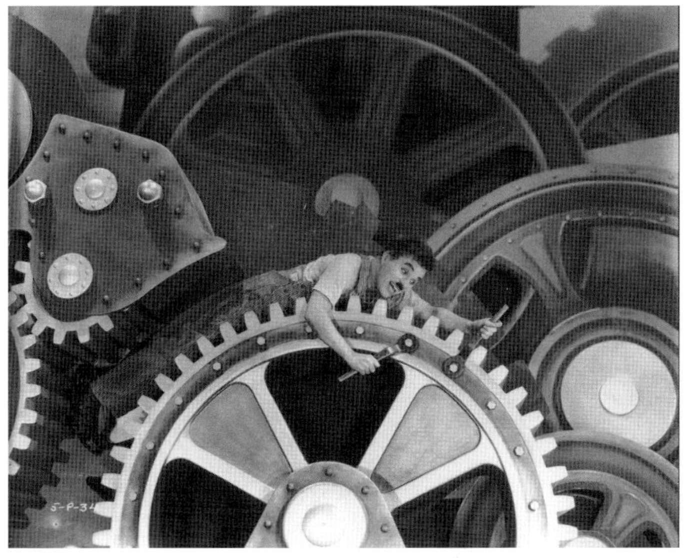

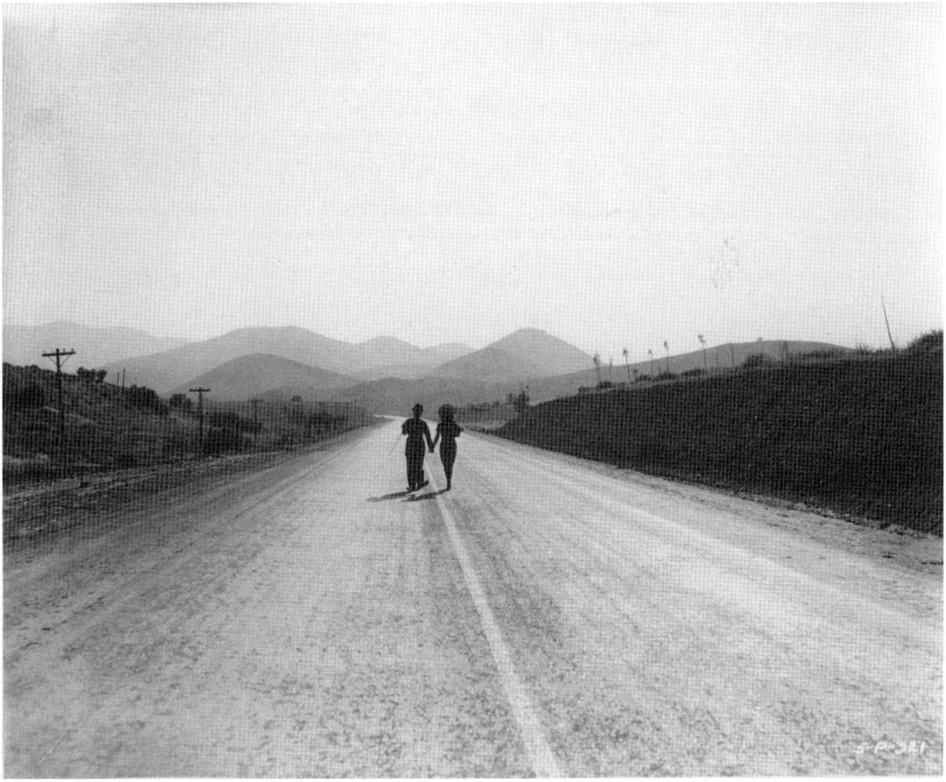

Die ikonische Schlussszene von *Modern Times* (1936)

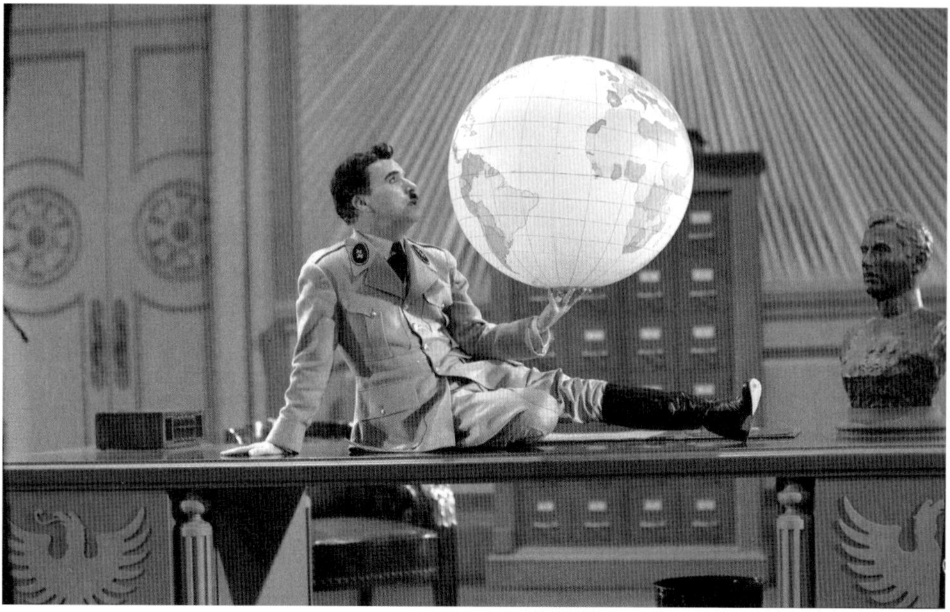

The Great Dictator – Chaplins erster Sprechfilm: Der Tramp erhebt seine Stimme gegen den Krieg und für Frieden und Freiheit (1940)

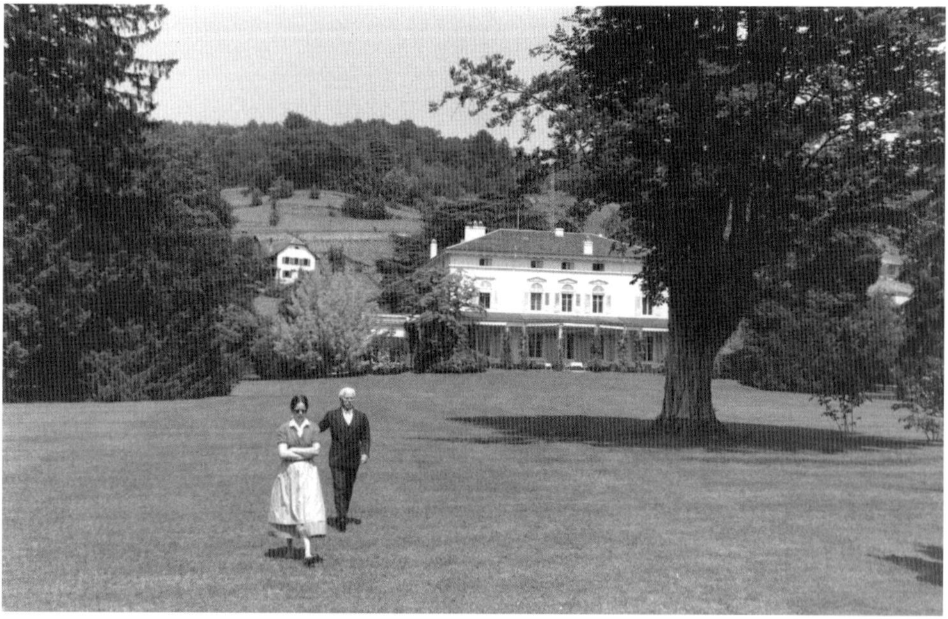

Chaplin liebte sein Zuhause in der Schweiz, das Manoir de Ban, wo er bis fast an sein Lebensende weiterarbeitete (ca. 1966)

nen schlagfertigen Erwiderungen übertrumpfte. Chaplin hatte sich seinen Vertrag eindeutig verdient: er wurde am 21. Februar 1908 unterschrieben, achtzehn Tage nach seinem ersten Auftritt bei Karno.«[35]

Chaplins persönliche Erinnerungen lassen tiefer in seine Gedanken und Emotionen blicken:

»Es blieb mir eine Woche, um meine Rolle zu studieren, bevor die Premiere am Londoner Coliseum stattfand. [ ] Ich hatte nur zwei Proben, da Mr. Weldon für mehr nicht zur Verfügung stand, und auch so war es ihm sehr lästig, überhaupt erscheinen zu müssen, weil es sein Golfspiel unterbrach.

Bei den Proben war ich nicht sehr eindrucksvoll. Da ich nur sehr langsam lernte, traute Weldon mir wohl nicht sehr viel zu. [ ] Am Abend vor der Eröffnung im Coliseum waren meine Nerven zum Zerreißen gespannt; dieser Abend bot mir Gelegenheit, mein Selbstvertrauen zurückzugewinnen [ ].

Im rückwärtigen Teil der gewaltigen Bühne ging ich lautlos betend auf und ab. Ängstliche Spannung, dahinter Furcht. Nun ertönte Musik! Der Vorhang hob sich! [ ] In dem Chaos von Emotionen trat ich auf. Bei solchen Gelegenheiten bewährt man sich oder man versagt. Kaum war ich auf der Bühne, da fühlte ich mich auch schon wie erlöst, alles stand mir klar vor Augen. [ ] Das Publikum brüllte [vor Lachen], Gott segne es. Ich war ganz gelöst und voller Einfälle. Ich hätte die Bühne fünf Minuten behaupten und das Publikum beim Lachen halten können, ohne ein Wort zu sagen. [ ] Harry Weldons Kopf erschien in der Kulisse wie ein Vollmond. Bis dahin hatte kein Mensch jemals vor Weldons Auftritt gelacht. [ ] Als der Vorhang sich senkte, wusste ich, dass ich es geschafft hatte. [ ]

Ich ging zu Fuß nach Hause, um mich zu entspannen. Auf der Westminster Bridge blieb ich stehen und blickte in das dunkle, seidige Wasser, dass darunter hindurchfloss. Ich wollte vor Freude weinen, konnte aber nicht. [ ] Ich war leer. [ ] Es war fünf Uhr früh, ehe ich erschöpft ins Bett sank. [ ]

Mr. Karno war am ersten Abend nicht dagewesen, doch er erschien zur dritten Vorstellung, als mein Auftreten bereits von Beifall begleitet wurde.«[36]

Was folgte, war ein Jahresvertrag mit vier Pfund Wochengage. Die große Freude wurde etwas getrübt von der Krise mit Weldon, dem Star der Show. Die Kritiker hatten Weldon heruntergemacht, aber Chaplin gelobt. Das war für Weldon unerträglich, und er schlug Chaplin bei einer Vorstellung auf der Bühne so heftig ins Gesicht, dass ihm das Blut aus der Nase rann.

Chaplin bekam in dieser Zeit immer öfter gute Kritiken und drängte Karno immer wieder, ihn die Rolle des Stiffy spielen zu lassen – die Hauptrolle in *The Football Match*. Letztlich hatte er Erfolg – die Spielzeit sollte sogar im Oxford eröffnet werden, der bedeutendsten Music Hall von London. Chaplins Name würde im Programm zum ersten Mal ganz oben stehen.

Aufgrund einer schlimmen Kehlkopfentzündung verlor er seine Stimme, und es wurde nichts aus dem Karrieresprung. Karno unterstellte Chaplin Lampenfieber und teilte ihm enttäuscht und verächtlich mit, er habe versagt.

Chaplin hatte in dieser Zeit mit seinen inneren Dämonen zu kämpfen, schließlich hatte er als kleines Kind miterleben müssen, wie die Karriere seiner Mutter an einer Kehlkopfentzündung zerbrach. Er suchte einen Arzt auf und gurgelte nahezu ununterbrochen, aber die Stimme kam nicht zurück. Eine halbe Stunde vor seinem zweiten Auftritt gurgelte er noch immer in der Garderobe – mit Tränen in den Augen. Karno entschied, dass die Zweitbesetzung die Rolle übernehmen musste, und Chaplin brach weinend zusammen, sah das Ende seiner Karriere gekommen.

Karno war außerordentlich wütend. Für einen scheinbar hypernervösen Mitarbeiter, der stimmlos auf der Gehaltsliste stand, hatte er keinerlei Verwendung. Doch ehe Chaplins Karriere ernsten Schaden nehmen konnte, brachte Sydney Chaplin einen guten Vorschlag ein. Anstatt dass der stimmlose Charlie untätig zu Hause und dennoch auf Karnos Gehaltsliste blieb, sollte er lieber die Rolle des betrunkenen feinen Pinkel in *Mumming Birds* übernehmen – eine Hauptrolle, in der man keine Sprechstimme brauchte. So stürzte sich der Stimmlose gleich wieder ins Getümmel und kehrte auf die Bühne zurück, ehe ihn das Lampenfieber dauerhaft lähmte. Dadurch richtete sich Chaplins Aufmerksamkeit wieder auf stumme Rollen, die ihm auch viel besser lagen.

Es folgte eine unbeschwerte Zeit. Charlie war noch keine 19 Jahre alt, ein erfolgreicher Komiker im Ensemble von Karno und leistete sich gemeinsam mit seinem Bruder Sydney eine Mietwohnung in der Brixton Road. Doch etwas fehlte. Chaplin empfand eine innere Leere – die tägliche Routine der Auftritte kam ihm steril und trostlos vor. Zwar lernte der junge Charlie in diesen Tagen Hetty Kelly kennen, in die er sich verliebte – obwohl er sie nur wenige Male kurz gesehen hatte –, aber die innere Leere angesichts der täglichen Routine blieb.

Erste Reise nach Amerika

Die kurze Tournee nach Paris brachte Chaplin auf andere Gedanken. Seine erste Reise in ein fremdes Land war aufregend und begeisterte ihn, besonders da die Familie Chaplin ursprünglich aus Frankreich stammte. Die Rückkehr in die Provinz Englands stieß den jungen Charlie in die trostlose Routine zurück, an die er sich nur schwer gewöhnen konnte.

1910 kam dann Chaplins große Chance, nach Amerika zu gehen, konkret für eine Tournee nach Nordamerika und Kanada. Für diese Tournee, die von Juni 1910 bis Juni 1912 dauern und Chaplins Leben nachhaltig verändern sollte, war er Karnos Wunschkandidat. Aber nicht aufgrund seines Talents, sondern weil Karno froh war, dass er Charlie statt Sydney schicken konnte. Bei früheren Tourneen war es öfter vorgekommen, dass Künstler zum amerikanischen Vaudeville übergelaufen sind, und Sydney war für ihn so wertvoll, dass er ihn nicht verlieren wollte.

Karno gab Charlie einen neuen Dreijahresvertrag mit einer Option auf weitere drei Jahre, und Chaplin war bereit, seine Heimat zu verlassen und nach Amerika zu reisen. Zu seiner Truppe gehörte auch Stan Jefferson, der später als Stan Laurel Filmgeschichte schreiben sollte. Chaplin erinnerte sich:

»Die Chance, in die Vereinigten Staaten zu gehen, war das, was ich gerade brauchte. In England, das fühlte ich, hatte ich die Grenze dessen erreicht, was mir geboten werden konnte, die Möglichkeiten waren hier beschränkt. [ ] Am Abend vor meiner Abreise machte ich noch einen Spaziergang im Westend von London. [ ] Ich hatte das Gefühl, dass ich London nie wiedersehen würde, denn ich hatte mich entschlossen, für immer in Amerika zu bleiben. Ich dehnte meinen Spaziergang bis zwei Uhr morgens aus und überließ mich der Poesie der vereinsamten Straßen und meiner eigenen Traurigkeit. Es war mir ein schrecklicher Gedanke, Abschied nehmen zu müssen. [ ] Ich war am nächsten Morgen um sechs Uhr auf den Beinen. Ich nahm mir nicht die Mühe, Sydney zu wecken, sondern legte einen Zettel auf den Tisch auf dem geschrieben stand: ›Gehe nach Amerika. Halte dich auf dem Laufenden. Love Charlie.‹«[37]

The Great Dictator

Eine der mutigsten Entscheidungen seines späteren Lebens – als er bereits weltweiten Ruhm und Popularität erlangt hatte – war die, den Film *Der große Diktator (The Great Dictator)* zu machen. Chaplin hatte schon enormen Mut bewiesen, nach Einzug des Tonfilms noch zwei Stummfilme zu produzieren – *City Lights* und *Modern Times*. Doch auch wenn der Erfolg ihm recht gab, war nach *Modern Times* die Zeit gekommen, neue Wege zu beschreiten.

Zum einen dachte Chaplin darüber nach, einen Sprechfilm zu produzieren, und hatte große Bedenken und Sorgen, den stummen Tramp sprechen zu lassen. Zum anderen verfolgte er mit großer

Sorge den Aufstieg der Nazis in Europa. Die Vereinigten Staaten waren noch nicht im Kriege, doch Präsident Roosevelt führte einen kalten Krieg gegen Hitler. Der Präsident hatte es sehr schwer, denn die Nazis hatten sich Eingang in die verschiedensten amerikanischen Institutionen und Organisationen verschafft. Das erschwerte Roosevelts Einsatz für eine zweite Front deutlich, und Chaplins öffentlichkeitswirksame Unterstützung dieser Forderung machte auch ihm neue Feinde. In öffentlichen Reden und Interviews bezog Chaplin klar Stellung gegen die Nazis und deren Regime.

Er schrieb in seiner Autobiografie, das stärkste Motiv, *The Great Dictator* zu machen, »war mein Haß und meine Verachtung gegenüber dem Nazi-System«[38]. Es entstand nicht nur ein großartiger Film, sondern »ein einzigartiges Phänomen, ein herausragendes Ereignis in der Geschichte der Menschheit. Der größte Clown, die beliebteste Persönlichkeit der damaligen Zeit forderte den Mann heraus, der in der neuen Geschichte mehr Böses und mehr menschliches Leid angestiftet hat als irgendein anderer.«[39]

Man mag es als Ironie des Schicksals ansehen, dass Chaplin und Hitler in einem Abstand von nur vier Tagen geboren wurden. Jeder hat auf seine Art und Weise die Ideen, Gefühle und Hoffnungen von Millionen Menschen zum Ausdruck gebracht. Beide spiegelten dieselbe Wirklichkeit wider – die »Not des kleinen Mannes«. Beide nutzten ihr Genie, um Menschen zu berühren und zu bewegen, Chaplin zum Guten, Hitler zum unbeschreiblich Bösen.

Viel später gestand Chaplin in seiner Autobiografie: »Hätte ich damals von den tatsächlichen Schrecken der deutschen Konzentrationslager gewusst, hätte ich *The Great Dictator* nicht machen können; ich hätte mich über den mörderischen Wahnsinn der Nazis nicht lustig machen können.«[40] Als Chaplin mit der Produktion begann, dachte man allgemein, dass Hitler gar nicht so fürchterlich sei. Als der Film dann schließlich lief, war Frankreich bereits gefallen, und die Welt wusste vom Ausmaß des Grauens.

Chaplin ging damals nicht leichtherzig an diesen Film heran – er empfand reale Ängste und großen Abscheu angesichts des Schreckens und der Entwicklung der Weltpolitik in den 1930er Jahren. Die Medien haben oft versucht, Chaplin politisch einzuordnen, manchmal als Kommunisten, manchmal als Anarchisten. Chaplin selbst bezeichnete sich als »Weltbürger« und war gewiss ein Freidenker, der auf der Seite der Unterdrückten stand und an menschliche Freiheit und menschliche Würde glaubte.

Er arbeitete mehrere Monate an der Geschichte des Films, die er mehrmals stark überarbeitete, ehe er im Spätsommer 1939 mit den Dreharbeiten begann. Chaplin studierte Hitler, so gut er konnte, und sah sich auch alle *Wochenschauen* an, die er auftreiben lassen konnte.

The Great Dictator revolutionierte Chaplins Arbeitsmethode – es wurde sein erster Dialogfilm, und zum ersten Mal begann er Dreharbeiten mit einem vollständigen Skript. Das Skript zählt nach wie vor zu den aufwendigsten, die jemals angefertigt wurden, es hat fast 300 Seiten (Skripte für Langfilme haben in der Regel 100 bis 150 Seiten). Da Chaplin nur alle vier oder fünf Jahre einen Film machte, entstand das Problem, dass sich in der Zwischenzeit die Produktionsbedingungen geändert hatten. Jedes Mal, wenn er einen neuen Film machte, war er mit neuen Techniken konfrontiert, die er nicht verstand und nicht brauchte.

Bis Ende März 1940 wurde (bis auf die Sonntage) am Filmset durchgearbeitet. Von den bis dahin gedrehten 145.523 Metern Film fanden sich am Ende 3.543 Meter im fertigen Film wieder. Einige der damals gedrehten Szenen bekam niemand jemals zu sehen.

Zahlreiche Szenen des fertigen Films haben sich unauslöschlich in den Köpfen der Zuschauer eingebrannt: der Tanz des Diktators mit dem Globus, die Rivalitäten mit Benzino Napaloni und natürlich die berühmte Schlussrede. Diese ist nach wie vor eine der umstrittensten Passagen seines gesamten Werkes, aber heute erscheint uns Chaplins Entscheidung richtig. Seine Worte sind einfach und prägnant – ein Appell an die Menschheit:

> »Es tut mir leid, aber ich möchte nun mal kein Herrscher der Welt sein, denn das liegt mir nicht. Ich möchte weder herrschen noch ir-

gendwen erobern, sondern jedem Menschen helfen, wo immer ich kann. Den Juden, den Heiden, den Farbigen, den Weißen.

Jeder Mensch sollte dem anderen helfen, nur so verbessern wir die Welt. Wir sollten am Glück des andern teilhaben und nicht einander verabscheuen. Hass und Verachtung bringen uns niemals näher. Auf dieser Welt ist Platz genug für jeden, und Mutter Erde ist reich genug, um jeden von uns satt zu machen. [ ]

Wir haben die Geschwindigkeit entwickelt, aber innerlich sind wir stehen geblieben. Wir lassen Maschinen für uns arbeiten und sie denken auch für uns.

Die Klugheit hat uns hochmütig werden lassen, und unser Wissen kalt und hart. Wir sprechen zu viel und fühlen zu wenig. Aber zuerst kommt die Menschlichkeit und dann erst die Maschinen. Vor Klugheit und Wissen kommt Toleranz und Güte. Ohne Menschlichkeit und Nächstenliebe ist unser Dasein nicht lebenswert.

Aeroplane und Radio haben uns einander nähergebracht. Diese Erfindungen haben eine Brücke geschlagen, von Mensch zu Mensch. Die erfordern eine allumfassende Brüderlichkeit, damit wir alle eins werden. [ ]

Bewahrt euch die Menschlichkeit in euren Herzen und hasst nicht, nur wer nicht geliebt wird, hasst, nur wer nicht geliebt wird. Soldaten, kämpft nicht für die Sklaverei, kämpft für die Freiheit.

[...]

Vergesst nie, Gott liegt in euch allen, und ihr als Volk habt allein die Macht. Die Macht, Kanonen zu fabrizieren, aber auch die Macht, Glück zu spenden. Ihr als Volk habt es in der Hand, dieses Leben einmalig kostbar zu machen, es mit wunderbarem Freiheitsgeist zu durchdringen. Daher im Namen der Demokratie: Lasst uns diese Macht nutzen! Lasst uns zusammenstehen! Lasst uns kämpfen für eine neue Welt, für eine anständige Welt!

Die jedermann gleiche Chancen gibt, die der Jugend eine Zukunft und den Alten Sicherheit gewährt. [ ]

Lasst uns kämpfen für eine bessere Welt! Lasst uns kämpfen für die Freiheit in der Welt, das ist ein Ziel, für das es sich zu kämpfen lohnt. Nieder mit der Unterdrückung, dem Hass und der Intoleranz!

> Lasst uns kämpfen für eine Welt, in der die Vernunft siegt, in der uns Fortschritt und Wissenschaft allen zum Segen gereichen.«[41]

Es folgten viele Wochen mit Retakes, Schneiden und Synchronisationsarbeiten, bis schließlich am 1. September 1940 eine vollständige Kopie des Films fertig war. Nach einigen Vorabvorführungen wurde der Schnitt nachgebessert, einige Szenen wurden neu gedreht, Kulissen mussten für Ghetto-Szenen neu aufgebaut werden. Erst Ende September war Chaplin zufrieden, und die endgültige Vertonung konnte beginnen.

Chaplin machte sich Sorgen, wie *The Great Dictator* aufgenommen würde. Schon vor Beginn der Dreharbeiten spürte er Widerstände und Protest. Als der Film fertiggestellt war, hatte Hitler seinen Machtanspruch bereits gefestigt, und der Zweite Weltkrieg wütete bereits seit über einem Jahr. Das übrige Hollywood hatte diskret davon Abstand genommen, anti-faschistische Filme zu machen. Als der Krieg in Europa ausbrach, waren 96 Prozent der Amerikaner gegen einen Eintritt in den Krieg.

Chaplin erhielt unzählige Drohbriefe, die zeigten, wie stark die pro-faschistische Stimmung in den USA war. Zum Schutz der Filmpremiere vor möglichen pro-faschistischen Demonstrationen waren Männer der Hafenarbeitergewerkschaft dabei. Die amerikanischen Kritiker waren insgesamt zurückhaltend.

In London hatte *The Great Dictator* am 16. Dezember 1940 Premiere – auf dem Höhepunkt der deutschen Luftangriffe, als Hitler ein sehr realer und tödlicher Feind war. Die Briten schienen sich an Chaplins Werk zu ergötzen und zeigten keinerlei Zurückhaltung wie die Amerikaner. Der Filmkritiker der Zeitung *New Statesman* bezeichnete den Film als »die beste Ermutigung, die man uns geben konnte, jetzt wo der Krieg stagniert oder sich für oder gegen uns wendet«[42].

Die Schlussrede des Films, die von der politischen Rechten als Kommunismus gebrandmarkt und von der Linken als Sentimentalität abgetan wurde, schien das Massenpublikum zu begeistern und wurde unzählige Male zitiert und abgedruckt.

The Great Dictator schrieb Film- und Kulturgeschichte und wurde zum zeitlosen Meisterwerk, weil Chaplin entgegen aller Widerstände und sogar persönlichen Bedrohungen an seiner Überzeugung festgehalten hatte, dass die Freiheit und Würde des Menschen unantastbar sei und sein Film diesen Idealen diente.

!

Erfolgstipp:
Um große Erfolge zu erzielen, müssen Sie den Mut haben, Neues zu wagen und neue Wege zu gehen. Egal ob Sie sich aus einer unbefriedigenden Situation befreien wollen oder bereits erfolgreich sind. Beides kann eine große Herausforderung sein.

Wer in einer erfolglosen oder unglücklichen Lage steckt, hat vielleicht zu wenig Selbstbewusstsein und Selbstvertrauen, um den Mut zu fassen, zu neuen Ufern aufzubrechen. Wer bereits erfolgreich ist, hat vielleicht Angst, loszulassen und eine erfolgreiche Position aufzugeben, um zu neuen Ufern aufzubrechen, ohne eine Garantie zu haben, dort ebenso erfolgreich zu sein. Egal, wo Sie gerade stehen, haben Sie den Mut, neue Wege zu gehen.

Wenn Sie Ihre Lebensmission noch nicht gefunden haben, kann das bedeuten, gänzlich neue Wege zu gehen. Wenn Sie Ihre Lebensmission bereits leben, haben Sie bereits Ihren Fixstern im Leben gefunden. Bleiben Sie auch auf diesem Weg offen für neue Wege und haben Sie den Mut, sie zu wagen.

KONSTANT LERNEN UND WACHSEN

Im Kapitel »Verbessern, was man gelernt hat« ging es um Chaplins Konsequenz, bereits Gelerntes weiterzuentwickeln und zu verbessern. Chaplins Genie und Perfektionismus gingen jedoch weit darüber hinaus, sodass er stets bestrebt war, als Person und Filmemacher konstant zu lernen – Neues zu erlernen und zu wachsen, was ihn schließlich zum Pionier der Filmindustrie und zur Legende werden ließ. Auch diese Eigenschaft Chaplins zieht sich durch sein ganzes Leben und prägte jede Entscheidung, die er traf. Einige besonders markante Geschichten und Momente seines Lebens verdienen es besonders, hier hervorgehoben zu werden.

Bereits als Kind lernte er mit Freude und Begeisterung alles, was ihm wichtig schien. Egal ob Tanz oder Imitationen, er übte alles, was er zuerst als Holzschuhtänzer und später als junger Schauspieler brauchte. Aufgrund seiner abgebrochenen Schulbildung konnte er erst spät lesen. Als er dieses Manko überwunden hatte, las er regelmäßig und viel, um sich zu bilden.

Wo immer er auftrat, durchstöberte er die Buchantiquariate und begann die Klassiker wie Twain, Poe oder Irving zu lesen. Seine denkwürdigste und prägendste Entdeckung war *Selbstvertrauen* von Ralph Waldo Emerson, der unterstrich, wie wichtig es sei, das eigene Genie zu entdecken. Chaplin war fasziniert und gefesselt von Emersons Worten:

> »Beharre auf dir selbst, ahme niemals nach. Deine eigene Gabe kannst du jederzeit mit der gesammelten Kraft der Kultivierung durch ein ganzes Leben darbieten; das angenommene Talent eines

> anderen aber gewährt dir nur einen unvorbereiteten halben Besitz. Das, was der Einzelne als das Beste tun kann, kann ihn nur der Schöpfer lehren. Wo ist der Meister, der einen Shakespeare hätte lehren können? Wo ist der Meister, der Franklin, Washington, Bacon oder Newton hätte unterweisen können? Jeder große Mensch ist eine Einzigartigkeit. Nie wird durch das Studium Shakespeares ein Shakespeare entstehen. Tue das, was dir zugewiesen ist, und du kannst nicht zu viel erhoffen, nicht zu viel wagen.«[43]

Dies wurde Chaplins Lebensmotto, und es half ihm auch durch schwierige Zeiten.

Während der frühesten Phase seines Filmschaffens versagte er sich alles, was auch nur im Entferntesten einem normalen Privatleben hätte ähneln können. Mack Sennet berichtete einmal:

> »Der durchschnittliche Schauspieler ist [ ] nur ein Schauspieler. Wenn er nach Hause geht, ist er fertig. Er denkt an was anderes – vielleicht sogar schon, während er arbeitet! Und er möchte weg, damit er sich darum kümmern kann. [ ] Persönlichkeiten sind anders. [ ] Chaplin ist richtig ins Schwitzen gekommen, wenn er meinte, er hätte eine Sache nicht so gut gemacht, wie er sie hätte machen sollen [ ] und wenn dann die Zeit gekommen war, den Film von den Dreharbeiten des Tages zu sehen, war er immer da, während die meisten anderen im Film beinahe nie erschienen. Und wenn ihm irgendetwas bei der Vorführung nicht gefiel, dann schnalzte er mit der Zunge oder schnipste mit den Fingern und wand sich. ›Also, warum habe ich das gemacht, so gemacht?‹ , fragte er dann. ›Was war denn da mit mir los?‹«[44]

Das für jedermann Augenscheinlichste war die ständige Verbesserung und Weiterentwicklung der Qualität seiner Filme – was auch seine über viele Jahrzehnte ständig wachsende Popularität begründete. Chaplin war nicht nur der erste Weltstar der Menschheit, sein Ruhm war kein kurzfristiges Phänomen, sondern wuchs Zeit seines Lebens und dauert bis heute an – Jahrzehnte nach seinem Tod.

Chaplin entwickelte seine Filmkunst immer weiter, setzte sich in seiner Zeit als »angestellter Schauspieler« mühsam gegen seine Produzenten und Regisseure durch. Mit zunehmendem Erfolg und damit einhergehender wachsender künstlerischer und finanzieller Freiheit konnte er seine Visionen immer besser verwirklichen. Er hatte lange die damals üblichen Fließbandmethoden respektiert und einen Film nach dem anderen abgeliefert, jetzt verwandte er viel mehr Zeit auf seine Filme.

Auch bei oberflächlicher Betrachtung sieht man auf den ersten Blick, dass bereits bei Chaplins frühen Werken aus den anfänglich noch einfacher gestrickten Handlungen mit simpleren Gags im Lauf der Zeit immer ausgefeiltere Handlungen mit subtilerem Humor entstanden.

Mit dem Produktionsstart von *The Kid,* der sein erster »längerer« Film werden sollte (Originalfassung: 67 Minuten), begann für Chaplin 1919 eine neue Ära der künstlerischen Weiterentwicklung. Er entwickelte immer aufwendigere Handlungen, Szenen und Kulissen. *The Gold Rush* (Premiere 1925) begeistert Publikum und Filmexperten bis heute, unter anderem mit Chaplins genialen Schnitt-Effekten (wie zum Beispiel der Verwandlung Chaplins in ein Huhn), die mit den damaligen technischen Möglichkeiten eine unvorstellbare Leistung darstellten. Manch anderer »Special Effect« dieses Films, wie die Szenen der Holzhütte im Sturm, war damals so revolutionär, dass sich Filmexperten bis heute nicht genau erklären können, wie Chaplin das damals gemacht hat.

Schon in seinen Jahren bei Essanay (1914 bis 1916) gab es immer wieder Konflikte, wenn sich sein Auftraggeber einmischte und – um Zeit und Kosten zu sparen – andere Mitarbeiter beauftragte, in Chaplins Abwesenheit die Schneidearbeiten zu übernehmen. Der Perfektionist Chaplin reagierte wahrscheinlich so, wie Michelangelo reagiert hätte, hätten andere an David weitergearbeitet, damit er schneller fertig würde. In dieser Zeit setzte Chaplin eine für ihn überfällige – aber kostspielige – Neuerung durch: Er wollte die Praxis, am Original-Negativ zu schneiden, nicht mehr befolgen und bestand auf ordentliche Positiv-Kopien für den Schnitt. Dafür musste man extra ein neues Kopiergerät aus Chicago kommen lassen und im Studiolabor installieren.

Bei Mutual setzte Chaplin in den Jahren 1916 und 1917 sein Streben fort, die Qualität eines Films und das Realisieren seiner Vorstellungen war ihm wichtiger als alles andere. Für *The Immigrant* drehte Chaplin beispielsweise über eine Woche lang an einer Szene, drehte sie immer und immer wieder und variierte sie, bis er entdeckte, was daran nicht stimmte. Die Folge war, dass Chaplin das gesamte bisher gedrehte Material verwarf und eine Rolle neu besetzte. Nach den damaligen Maßstäben der Filmproduktion des Jahres 1917 war diese Entscheidung, die Arbeit einer ganzen Woche zu verwerfen, mutig und beispiellos.

Regisseure haben damals grundsätzlich Einstellungen nur dann noch einmal nachgedreht, wenn etwas sichtbar und komplett danebengegangen war. Es entsprach Chaplins Methode, den ganzen Film entsprechend dem Handlungsablauf der Geschichte zu drehen. Diese Vorgehensweise war nicht nur extrem kostspielig – sie war 1922 ebenso einzigartig, wie sie es heute wäre.

Für *City Lights* (1931) und *Modern Times* (1936) setzte Chaplin seinen nächsten großen Schritt, mit dem er seinen Status als Multitalent und Genie endgültig begründete. Chaplins Entscheidung noch Jahre nach der Etablierung des Tonfilms weiter Stummfilme zu produzieren, war eine Provokation. Aber gerade das motivierte Chaplin dazu, noch einmal einen Stummfilm zu drehen und die Tonspur komplett für Orchestermusik zu benutzen – einem Orchester mit einer vollständigen Besetzung wie bei einer Strauss-Oper, mit über 70 Musikern.

Chaplin hatte als Schauspieler immer schon ein gutes Gefühl für Rhythmus und Tempo sowie als Musiker ein gutes Gespür für Melodien. Er spielte seit jungen Jahren Cello und Geige, hatte sich beides selbst beigebracht und konnte keine Noten lesen. Doch vom intuitiven Cello-Spiel zum Komponieren für ein Orchester ist es ein großer Schritt.

1928 hatte er bereits für eine Neufassung von *The Circus* Filmmusik komponiert. Und auch für *City Lights* und *Modern Times* hat der Komponist Chaplin so sorgfältig gearbeitet wie immer in seinem Leben und schuf musikalische Meisterwerke. Er hatte zwar keinerlei musikalische Ausbildung genossen, aber ein einzigartiges musikalisches Talent. Seine Kompositionen machten seine beiden letzten Stummfilme zu Meisterwerken der Filmgeschichte.

Beflügelt von der Freude am Komponieren und dem Erfolg seiner Werke nahm er später weitere Kompositionen in Angriff. 1942 versah er seinen Film *Gold Rush* (1925) für eine Wiederveröffentlichung nachträglich mit Musik. Im Jahre 1971, ein halbes Jahrhundert nach der Veröffentlichung des Filmes *The Kid*, komponierte der über 80-jährige Chaplin eine Filmmusik für eine Neufassung. Seine letzte musikalische Arbeit war 1976 eine Neukomposition für sein Stummfilm-Drama *A Woman of Paris* (1923).

Bemerkenswert und eine Bestätigung seines musikalischen Genies ist, dass er als gefeierter Schauspieler und Filmproduzent im Jahr 1973 den Oscar für die beste Filmmusik zu *Limelight* erhielt. Dies war sein dritter Oscar.

Diese musikalischen Meisterleistungen stellten nicht nur für Chaplin eine große Herausforderung dar, denn wie gesagt konnte er weder Noten lesen noch schreiben. Daher ging er folgendermaßen vor: Während der Film laufend projiziert wurde, gaben die Bilder und Szenen Chaplin seine Inspiration, die er dann in stundenlangem Improvisieren in Melodien verwandelte. Es brauchte eine wechselnde Besetzung talentierter Musiker, die sein unorthodoxes Summen, seinen unpassenden Gesang und sein Amateur-Klavier- und Geigenspiel in die einzigartige Orchestervision übersetzten, die er in seinem Kopf hörte und komponierte.[45]

!

Erfolgstipp:
Egal ob Sie Ihren Weg gerade erst begonnen haben oder bereits erfolgreich sind: Hören Sie nie auf zu lernen. Konstant zu lernen und zu wachsen ist das Fundament eines ganzheitlich erfolgreichen und erfüllten Lebens. Gesundheit, Beziehungen, Finanzen, Emotionen, Lebenssinn (Erfüllung) – jeder dieser elementaren Lebensbereiche braucht Wachstum. Was nicht wächst, verkümmert.

Lebenslanges Lernen bedeutet nicht, sich mit theoretischen Informationen vollzustopfen, sondern sich das Wissen, die Fähigkeiten und Fertigkeiten anzueignen, die für Ihren Weg und Ihre Ziele wichtig und anwendbar sind.

NIEMALS AUFGEBEN

Auch wenn der junge Chaplin seine Träume nie aufgegeben hatte, gab es oft Zeiten, in denen seine Zuversicht auf eine harte Probe gestellt wurde.

Als er im Juni 1912 mit der Truppe aus Amerika zurückgekehrt war, begann wieder eine Zeit der Auftritte in den Londoner Music Halls. Chaplin erinnerte sich in seiner Autobiografie:

> »Wir hatten Erfolg, und das Publikum war wundervoll, ich machte mir jedoch während der ganzen Zeit Sorge, ob wir je wieder in die Staaten zurückkehren würden. Ich liebte England, aber es war mir unmöglich geworden, wieder für immer dort zu leben. Ich hatte das beunruhigende Gefühl, dass meine Herkunft mich hier dazu verleiten müsste, in eine deprimierende Gewöhnlichkeit zurückzusinken.«[46]

In diesen Monaten wurde seine Geduld und auch sein Vertrauen auf eine große Zukunft auf eine harte Probe gestellt.

Als er im Oktober mit dem Schiff zum zweiten Mal nach Amerika aufbrach, machte ihm das neue Hoffnung, die aber kurz darauf wieder einem deprimierenden Alltag wich.

> »[ ] wurde mir eine reichliche Portion mühseliger Kleinarbeit in den Niederungen des Showbusiness beschert. Die billigen Vaudeville-Aufführungen waren trübe und niederdrückend, und meine Zukunftshoffnungen für ein Leben in Amerika schmolzen zusammen in der Tretmühle, in der wir alle sieben Tage der Woche drei bis vier

> Vorstellungen absolvieren mussten. In England war Vaudeville im Vergleich dazu das Paradies gewesen. Dort arbeitete man nur sechs Tage in der Woche und gab nur zwei Vorstellungen am Abend. [ ] Wir hatten nun ununterbrochen fünf Monate lang gearbeitet. Es war eine rechte Plage. Ich war müde und mutlos [ ][47]

Als er in Philadelphia endlich eine freie Woche hatte, beschloss er, sich etwas Luxus zu gönnen.

Chaplin kaufte sich für fünfundsiebzig Dollar einen teuren Morgenrock sowie einen eleganten Koffer, fuhr mit dem Zug nach New York und nahm sich im *Hotel Astor* ein Zimmer.

Beeindruckt von all dem Luxus verbrachte er eine Stunde in seinem Zimmer und prüfte das reichlich strömende heiße und kalte Wasser im Badezimmer. Als er den Speisesaal aufsuchte, hatte er vor Aufregung keinen Hunger.

> »Immerhin tat ich so, als hätte ich Appetit, bestellte Konsommee, gebratenes Huhn und zum Nachtisch Vanilleeis. Der Kellner brachte mir die Weinkarte, und nach sorgfältiger Prüfung bestellte ich eine halbe Flasche Champagner. Diese Rolle zu spielen, strengte mich so an, dass mir weder das Essen noch der Champagner schmeckte. Als ich gegessen hatte, gab ich dem Kellner einen Dollar Trinkgeld, was damals unerhört großzügig war. Die Bücklinge und die Aufmerksamkeiten, mit denen ich auf dem Weg aus dem Speisesaal dafür bedacht wurde, waren es aber auch wert.«,[48] erinnerte sich Chaplin in seiner Autobiografie.

Chaplin blieb nur noch einen Tag in New York, den er als »herrliches Erlebnis« aber auch als »nervenaufreibenden und einsamen Tag« in Erinnerung behielt.

Damals konnte er noch nicht ahnen, dass dies nur ein kleiner Vorgeschmack auf den Wohlstand war, der ihn in Zukunft erwartete, sowie den Luxus, mit dem seine Gastgeber ihn bald bewirten würden.

Chaplin kehrte in den trostlosen alten Trott zurück und auf einen Sprung ins Theater, wo sein Manager gerade ein Telegramm öffnete, das das Leben des jungen Charles für immer verändern sollte (siehe Kapitel »Den richtigen Platz für seine Träume finden«).

!

Erfolgstipp:
Egal wie aussichtslos eine Situation auch sein mag, geben Sie niemals auf!

Besinnen Sie sich Ihrer Träume und Ziele und spüren Sie, wie Ihre Lebensmission Sie erfüllt und inspiriert. Suchen Sie Wege und Lösungen, die Sie weiterbringen, und auch wenn Sie denken, Sie wären nur von verschlossenen Türen umgeben, dann suchen Sie ein Fenster!

Arbeiten Sie daran, Ihre Mission zu definieren, konstant zu lernen und Ihren Wert für andere zu steigern! Nicht die heutigen Probleme lähmen Sie, sondern die (projizierte) Angst, diese Probleme könnten auch in Zukunft bestehen bleiben. Wenn wir heute in der Geschichte der Menschheit zurückblicken, dann sehen wir all die (oft massiven) Probleme, denen sich die Menschen vor Jahrzehnten oder Jahrhunderten scheinbar ausgeliefert sahen. Doch die wenigen, die sich nicht von ihrer Angst lähmen ließen, suchten Lösungen und fanden Wege.

Daher klar und unmissverständlich: Geben Sie niemals auf. Niemals. Nie!

JEDER PROFI WAR EINMAL ANFÄNGER

Auch wenn Chaplin als Meister seines Fachs, ja als Genie in vielen Disziplinen, in die Geschichte einging, war eines seiner Erfolgsgeheimnisse, dass er seit frühester Kindheit enorm wissbegierig war und ein außergewöhnlich gutes Gedächtnis hatte (siehe Kapitel »Von anderen lernen«). Egal ob auf der Bühne der Music Halls oder später vor der Kamera – Chaplin war sich bei jeder neuen Etappe seiner Karriere bewusst, dass er als Anfänger alles Wichtige lernen musste.

Da er als Kind kaum lesen konnte, musste er Texte durch bloßes Zuhören auswendig lernen. Auf dem Weg zu seinen ersten Bühnenerfolgen lernte er ständig dazu, übernahm Bewährtes von Vorbildern und entwickelte Neues.

Gerade in dem Metier, in dem er später seinen Weltruhm begründen sollte, war der junge Charlie ein völliger Anfänger, der vieles von dem, was er bisher im Theater gelernt hatte, hinter sich lassen und völlig Neues von Grund auf erlernen musste. Er betrat eine völlig neue Welt, als er im Januar 1914 zum ersten Mal das Keystone-Studio von Mack Sennet betrat. Chaplin erinnerte sich an diesen besonderen Tag:

> »Ich war begeistert. Ein gleichmäßiges sanftes Licht durchflutete den ganzen Raum. Es kam von großen weißen leinenen Tüchern, die das Sonnenlicht auffingen und so zerstreuten, dass dadurch allen Gegenständen ein ätherisches Aussehen verliehen wurde. Dieser Effekt war für das Photografieren bei Tageslicht erforderlich. Nachdem ich einem oder zwei Schauspielern vorgestellt worden war, begann ich mich dafür zu interessieren, was hier vorging. Nebeneinander hatte man drei ver-

> schiedene Kulissen aufgestellt, und drei Lustspiele waren darin an der Arbeit. Es kam mir vor, als betrachte ich etwas auf einer Weltausstellung. Auf der einen Bühne trommelte Mabel Normand mit den Fäusten auf eine Tür und schrie »Laß mich herein«. Dann stand die Kamera still und das war alles – ich hatte keine Ahnung davon, dass Filme in dieser Weise Stück für Stück aufgenommen wurden. Auf einer anderen Bühne sah ich den großen Ford Sterling. [ ] Sennett nahm mich bei Seite und erklärte mir seine Arbeitsmethode. ›Wir haben kein Textbuch‹, sagte er, ›wir suchen nach einem Einfall, dann lassen wir die Dinge ihren Lauf nehmen, bis alles in einer Verfolgungsjagd endet, denn das ist das Wesentliche bei unseren Komödien.‹ [ ] An diesem Tage ging ich von einer Dekoration zur anderen und sah mir an, wie die einzelnen Gesellschaften arbeiteten.«[49]

In seiner Zeit bei Keystone lernte er alle anderen Bereiche des Filmemachens, indem er seine drehfreie Zeit mit den Technikern verbrachte, die mit dem Entwickeln, Schneiden und Fertigstellen des Films beauftragt waren. Auf diese Weise eignete sich Chaplin alle technischen Einzelheiten der Filmproduktion an. Dadurch konnte er später nicht nur seine Filme selbst produzieren, Regie führen und vor der Kamera spielen, sondern auch alle anderen Arbeiten wie ein Spezialist selbst ausführen. Er entwickelte sich zu einem Meister aller Feinheiten der Produktion, was ihn später zwar immer wieder an seine Belastungsgrenze brachte (siehe Kapitel »Perfektion«), aber der Welt einzigartige Meisterwerke schenkte.

!

Erfolgstipp:
Egal was Sie beginnen und zur Meisterschaft bringen wollen: Fangen Sie einfach an! Jeder Profi, Experte oder Superstar hat als Anfänger begonnen. Haben Sie den Mut, einfach anzufangen, zu scheitern, zu lernen und diszipliniert weiterzumachen (siehe auch Kapitel »Disziplin und Übung«).

AUS IMPROVISATION KANN GROSSES ENTSTEHEN

Wenn man die Akribie und den Perfektionismus betrachtet, mit dem Chaplin in späteren Jahren seine großen Meisterwerke schuf, ist es erstaunlich, dass er seine ersten Erfolge in jungen Jahren auf Spontanität und Improvisation begründete.

Die ersten Filme bei Keystone waren zur Gänze spontan und improvisiert und wurden binnen weniger Stunden abgedreht. Auch bei Chaplins Filmen unter eigener Regie bei Keystone bis zu seinen Erfolgen bei Essanay arbeitete er meist ohne detailliertes Drehbuch. Er nutzte für seine Gags die Requisiten, die ihm zufällig in die Hand fielen – wie man zum Beispiel bei seinem Film *His New Job* sehen konnte. Er ließ die Handlung des Films einfach in einem Filmstudio spielen, was den Vorteil hatte, dass Szenenaufbauten und Requisiten zur Hand waren. Die Requisiten, die da waren, baute er einfach in die Handlung ein: Streichhölzer, eine Pfeife, einen Siphon, eine Säge und einen Holzhammer, eine Schwingtür, eine widerspenstige Kulissensäule, eine um etliche Nummern zu große Offiziersuniform mit dem dazugehören Tschako und dem biegsamen Säbel.

Aus unzähligen Improvisationen entstanden Hunderte geniale Chaplin-Gags und viele großartige Kurzfilme. Auch der Moment, in dem Chaplins ikonische Filmfigur entstand, mit der er Geschichte schreiben sollte, war ein Moment der Improvisation: Chaplin hatte gerade erst bei Keystone begonnen, war von all dem Neuen überwältigt und verunsichert. Er wanderte tagelang durch das Atelier und fragte sich, wann er mit der Arbeit beginnen würde, doch nichts tat sich. Er wurde nervös, weil er die Befürchtung hatte, Mack Sennet würde das Engagement bereuen und hätte keine Verwendung für ihn.

Schließlich schlug endlich seine Stunde – Regisseur Henry Lehrman sollte einen neuen Film beginnen, und Chaplin sollte darin einen Zeitungsreporter spielen. Da Lehrman noch nach Ideen suchte, war der junge Charlie nur zu begierig, Vorschläge zu machen, brachte jeden denkbaren Gag und war bemüht, sich auch für die anderen Schauspieler etwas einfallen zu lassen. Henry Lehrman hielt den Neuankömmling jedoch für naseweis und ließ mitten in Chaplins Szenen die Pointe herausschneiden.

Chaplin war bestürzt, und seine Unsicherheit wuchs. Doch dann kam der magische Moment, der alles verändern sollte. Es war der Moment, an dem Chaplin sich ganz auf diese neue Welt des Films einließ und begann, alles von der Pike auf zu lernen, was nötig war, um erfolgreich zu werden:

> »Das ganze Atelier war voll besetzt. Drei Gesellschaften waren an der Arbeit. Ich hatte meinen Straßenanzug an und nichts zu tun. So stellte ich mich dorthin, wo Sennett mich sehen konnte. Er stand neben Mabel und blickte in eine Dekoration, die eine Hotelhalle darstellte. Er biss am Ende seiner Zigarre herum und sagte: ›Hier müssen ein paar Gags her‹, dann wendete er sich an mich: ›Schminken Sie sich irgendwie komisch. Ganz gleich, was Ihnen gerade einfällt.‹
>
> Ich wusste nicht, wie ich mich nun schminken sollte. Meine Aufmachung als Zeitungsreporter hatte mir nicht gefallen. Als ich auf dem Weg zur Requisitenkammer war, kam mir jedoch die Idee, ausgebeulte Hosen, riesige Schuhe, einen Spazierstock und eine schwarze Melone als Kostüm zu wählen. Alles sollte einander widersprechen. Die Hose musste weit sein, die Jacke eng, der Hut klein, das Schuhwerk groß sein. Noch schwankte ich, ob ich mich auf alt oder jung zurechtmachen sollte, aber da fiel mir ein, dass Sennett sich vorgestellt hatte, ich sei viel älter. So klebte ich mir einen kleinen

Schnurrbart an. [ ] Zunächst wusste ich noch nichts von dieser Figur. Als ich aber das Kostüm am Leibe hatte, ließen mich Kleider und Schminke fühlen, was für ein Mensch das war. Ich begann ihn kennenzulernen, und als ich schließlich auf die Bühne kam, hatte sein Dasein begonnen.«[50]

!

Erfolgstipp:
Als Profi oder Experte haben Sie Ihre wichtigsten Fähigkeiten und Fertigkeiten längst verinnerlicht. Als Anfänger sind Sie noch dabei, diese zu entwickeln. Anfänger wie Profis stehen manchmal vor neuen Situationen und Herausforderungen, in denen bisher angewandte Techniken oder Methoden nicht gefragt sind. In solchen Momenten gilt es zu improvisieren, und das benötigt Mut. Der Anfänger braucht Mut zu improvisieren, weil er ja noch keine beziehungsweise kaum Erfahrung hat. Der Profi braucht Mut, seine Erfahrung loszulassen und einfach zu improvisieren.

Improvisation führt immer zum Erfolg: Entweder das gewünschte Ergebnis gelingt, oder man lernt etwas Neues. Auf jeden Fall wächst das Selbstvertrauen, weil man den Mut hatte zu improvisieren.

Wenn Sie also an so einem Wendepunkt stehen, wo Sie vor der Wahl stehen – Rückzug oder Improvisation –, dann denken Sie an Chaplins Improvisation, mit der die Legende des Tramps begann. Sie können nur gewinnen, lernen und wachsen – also improvisieren Sie, wenn es darauf ankommt!

ALLES WICHTIGE ÜBER SEIN SPEZIALGEBIET LERNEN

Auch nach »Erfindung« des Tramps und den ersten Lacherfolgen war Chaplins Zukunft noch mehr als ungewiss. Er war erst kurze Zeit bei Keystone und ein Schauspieler von vielen. Seine Kritik an bisher erfolgreichen »Regeln« verschaffte ihm keine Freunde, und mit seinen vielen Ideen und Verbesserungsvorschlägen machte er sich unbeliebt.

Da die Filme und deren Handlung bei Keystone ja völlig improvisiert waren, lag es an den Schauspielern, die Handlung und deren Situationskomik spontan während des Drehs zu entwickeln. Aufgrund von Chaplins Unbeliebtheit wurden seine Einfälle und komischen Gags meist vom Cutter herausgeschnitten. So hätte Chaplins Karriere schnell am Boden des Schneideraums enden können. Doch der junge Charlie hatte nicht vor, seine Karriere im Alter von 24 Jahren zu beenden.

Ihm war bewusst, dass er in dieser Situation zwar an seinen Ideen festhalten wollte, um das Publikum zu begeistern, aber dass er einen Weg finden musste, trotz Widerstand des Regisseurs und des Cutters seine Präsenz und Wirkung in den Filmen zu entfalten. Chaplin verbrachte so viel freie Zeit wie möglich damit, alles über Szenenaufbau und die Technik des Schneidens zu lernen (siehe Kapitel »Jeder Profi war einmal Anfänger«). Er fand kaum Zeit, seine Schecks bei der Bank einzureichen, denn er traf routinemäßig eine Stunde früher – um sieben Uhr morgens – im Studio ein und ging eine Stunde später als alle anderen – um sieben Uhr abends. Er dachte sich gezielt Gags und Pantomimen für den Augenblick des Auftretens und Abgehens aus, weil es schwierig werden würde, das herauszuschneiden. Chaplin war zu allen Tageszeiten beim Entwickeln und Schneiden dabei und sah dem Cutter zu und auf die Finger, wenn er den Film zusammenstückte.

Im Unterschied zu den meisten seiner Schauspielkollegen lernte der junge Charlie alles über Technik und Schnitt – dies sicherte ihm in seinen Anfängen seine Präsenz in den Filmen und legte später das Fundament für den perfekten Schnitt seiner eigenen Produktionen.

> !
> **Erfolgstipp:**
> Auch wenn es bei zunehmendem Erfolg immer wichtiger wird, ein fähiges Team aufzubauen und zu delegieren, so ist es trotzdem unabdingbar, dass Sie alles Wichtige über Ihr Spezialgebiet lernen. Nur wenn Sie die Grundlagen beherrschen, können Sie diese weiterentwickeln, neue Maßstäbe setzen und effektiv delegieren.

QUALITÄT UND PERFEKTION

Chaplins Arbeitsroutine gibt einen unmittelbaren Einblick in sein tägliches Streben nach Qualität und Perfektion. Mit wachsender Popularität und Unabhängigkeit konnte er sich immer mehr Zeit nehmen, um seine Filme zu realisieren und mit Obsession an Szenen und Gags zu feilen. Während er für seine ersten Kurzfilme jeweils nur einen Tag Drehzeit benötigte, betrug die Produktionszeit seiner späteren Meisterwerke (wie *City Lights* und *Modern Times*) bis zu zwei oder drei Jahre. Bis 1917 bei Mutual war Chaplin noch stärker durch seinen Vertrag gebunden, doch ab seinem Vertragsbeginn bei First National Anfang 1918 hatte er die Freiheit, seinen Qualitätsanspruch kompromisslos zu leben. Chaplins Arbeit an *Shoulder Arms* ist ein Paradebeispiel dafür. Voller Intensität wurden Szenen entwickelt, Kulissen gebaut, geprobt und gefilmt – einen ganzen Monat lang.

> »Doch Chaplin verwarf alles, was er in diesem ersten Arbeitsmonat gedreht hatte. Eine solch rigorose Selbstzensur wäre in der Geschichte des Kinos zu jedem Zeitpunkt ungewöhnlich gewesen, aber 1918, als ein Zeitraum von einem Monat üblicherweise ausreichte, um einen erstklassigen abendfüllenden Film zu drehen, war so etwas unerhört. Und außerdem trug Chaplin laut Vertrag mit der First National alle Produktionskosten. Er opferte also bereitwillig sein eigenes Geld, wenn es der Perfektion diente. Und er ging nicht fehl in der Annahme, dass er Besseres leisten konnte.«[51]

Die Story wurde umgearbeitet, neue Kulissen wurden gebaut und die Dreharbeiten dauerten noch über zwei Monate, bis der Film vollendet war.

> »Selbst Leute, die jahrelang mit Chaplin zusammengearbeitet hatten, rätselten oft über seine ständigen Retakes. Er konnte Totheroh zurechtweisen, wenn dieser die Kamera noch ein paar Drehungen weiterkurbelte, nachdem er ›Cut‹ gerufen hatte, aber er beanspruchte hunderte von Metern, um eine anscheinend völlig unbedeutende Sache nachzudrehen. Seine Kollegen äußerten manchmal die Vermutung, dass er in den Fällen, wo er nicht genau wusste, wie es weitergehen sollte, einfach das letzte nachdrehen ließ, um seine Unentschlossenheit zu verbergen. Doch damit lassen sich die Retakes einer Szene [ ] nicht erklären, die ja am Schluss einer Drehperiode stand, als Zeit und Licht drängten. Die Antwort ist anderswo zu suchen. Charlie Chaplin suchte geradezu zwanghaft nach Perfektion und war gleichzeitig davon überzeugt, dass er sein hohes Ziel nie erreichen würde. Er versuchte es einfach immer aufs Neue.«[52]

So wurden zum Beispiel für *The Great Diktator* circa 150.000 Meter Film gedreht, für den fertigen Film wurden davon jedoch nur circa 3.500 Meter verwendet. Chaplin hält sogar einen Weltrekord, den *Guinness World Records* festhält:

> Most retakes for one scene | Guinness World Records / CITY LIGHTS (1931) / 342 TOTAL NUMBER
>
> »The sequence in Charlie Chaplin's (UK) City Lights (USA 1931) in which a blind flower girl played by Virginia Cherrill (USA), sells the little tramp a flower in the mistaken belief he is a wealthy tycoon, took 342 takes.«
>
> »Die Sequenz in Charlie Chaplins (UK) City Lights (USA 1931), in der ein blindes Blumenmädchen, gespielt von Virginia Cherrill (USA), dem kleinen Tramp eine Blume verkauft, in dem irrigen Glauben, er sei ein reicher Tycoon, benötigte 342 Takes.«

!

Erfolgstipp:
Unwichtiges sollten Sie, wenn möglich, immer delegieren. Wenn Sie etwas nicht delegieren können oder wollen, es aber keine große Wichtigkeit hat, dann verzetteln sie sich nicht in unnötigen Details und vergeuden Sie keine wertvolle Zeit.

Wenn es aber wirklich wichtig ist, weil es Ihrer Mission und Ihrem Lebenswerk dient, dann seien Sie kompromisslos in Ihrem Qualitätsanspruch. Das schulden Sie sich, Ihrem Werk und der Welt.

UNTERNEHMERTUM

EIN GUTER VERKÄUFER SEIN

Schon früh lernte der kleine Charlie, dass es auf dem Weg zum Erfolg unabdingbar ist, sich und seine Leistungen optimal zu verkaufen. Bei seinen Bewerbungen für Engagements und in seiner Entwicklung als Schauspieler gab Chaplin immer sein Bestes, um andere von sich zu überzeugen und Einwände und Bedenken – beispielsweise hinsichtlich seines sehr jungen Alters – auszuräumen.

Doch auch abseits der Bühne erkannte und entwickelte Chaplin bereits als Kind verkäuferisches Talent. Als Charlies Vater an den Folgen des Alkoholkonsums starb und damit auch die (unregelmäßigen) Unterhaltszahlungen ausblieben, bedeutete das für seine Mutter, seinen Bruder und ihn wieder bitterste Armut. Chaplin erinnerte sich in seiner Autobiografie, dass sie nach dem Begräbnis bei strömendem Regen hungrig nach Hause kamen und nicht das Geringste zu essen im Schrank hatten. Er ergänzte, es sei ein Glück gewesen, dass gerade ein Lumpensammler vorbeikam, dem sie ihren alten Ölofen verkaufen konnten – für einen halben Penny –, um damit Brot zu kaufen.

Das war kurz nach Charlies zwölftem Geburtstag, und er überlegte, wie er Geld verdienen konnte. Er überredete seine Mutter, ihm einen Schilling zu leihen, kaufte damit beim Blumenmarkt zwei Bündel Narzissen, die er nach der Schule zu Einpenny-Sträußen band und mit hundertprozentigem Gewinn verkaufte. Dass er in dieser Zeit noch den Trauerflor am Arm trug, erwies sich als einträglich. Chaplin erzählt in seiner Autobiografie:

> »Ich ging in die Kneipen, machte ein nachdenkliches Gesicht und frage im Flüsterton ›Narzissen, Miß? Narzissen, Madame?‹. Die Frauen erkundigten sich dann immer: ›Wer ist es denn, Kleiner?‹, worauf ich flüsterte: ›Mein Vater‹, was mir kleine Trinkgelder einbrachte. Mutter war verblüfft, als ich am Abend nach Hause kam und für die Arbeit eines Nachmittages mehr als fünf Schillinge vorweisen konnte.«[53]

Als Hannah erfuhr, dass ihr Sohn die Blumen in Kneipen verkaufte, war die Tätigkeit als Blumenverkäufer beendet, denn ihr christliches Gewissen konnte den Gedanken nicht ertragen, dass ihr Sohn Geld in Lokalen verdiente, die Alkohol ausschenkten.

Danach arbeitete der junge Charlie in unterschiedlichen Bereichen: als Laufjunge eines Krämers, als Hausbursche, in einem Papiergeschäft und sogar einen Tag in einer Glasbläserei, aber die Hitze war unerträglich für ihn.

Chaplin dachte immer unternehmerisch. Von seiner ersten Gage für seine Rolle in *Sherlock Holmes* (1903) erstand er einen Fotoapparat für fünf Schillinge und betätigte sich als Teilzeit-Straßenfotograf – zu dieser Zeit war das ein weit verbreitetes Wandergewerbe. Er fertigte für je drei oder sechs Pence Porträts an, die für sechs Pence gerahmt wurden. Die Papprahmen kaufte er für einen Penny das Stück.

Chaplin erinnerte sich, dass er in dieser Zeit auf Tournee war und daher jedes Mal, wenn sie neue Räume bezogen, die Wirtin fragte, ob sie einen dunklen Raum hatte, um die Fotos zu entwickeln. Einmal musste er die Fotos sogar in einem Kleiderschrank entwickeln, wobei er im Zuge dessen den Schrankboden mit der Kerze angekohlt hatte.

In späteren Jahren, als er vom kleinen Schauspieler zum Weltstar wurde, musste er mit der Tradition brechen, die lautete, dass Schauspieler nur die gehorsamen Angestellten der Studiobosse waren und die Studios den Großteil des finanziellen Erfolgs ernteten. Chaplin begann Forderungen zu stellen, und wäre er kein guter Verkäufer gewesen, wäre es ihm kaum gelungen, als erster Schauspieler der Filmgeschichte mehr zu verdienen als sein Arbeitgeber.

> **!**
>
> **Erfolgstipp:**
> Egal wie Sie Erfolg definieren – Sie können Ihre Ziele nur erreichen, wenn Sie verkaufen können. Verkaufen bedeutet, anderen Ihre Person, Ihre Ideen, Produkte und Projekte als wertvoll zu präsentieren und Ihren Wert als Person bewusstzumachen. Verkaufen bedeutet nicht, anderen etwas aufzuzwingen oder sie zu überreden, sondern andere davon zu überzeugen, dass das, was Sie zu bieten haben, wertvoll ist, und dass der Nutzen, den Sie bringen, größer ist als der Preis, den Sie verlangen.
>
> Arbeiten Sie konsequent daran, den Wert dessen, was Sie sind, können und zu bieten haben, herauszuarbeiten und auf den Punkt zu bringen, um es anderen leicht zu machen, ihn zu erkennen und zu schätzen.

UNABHÄNGIGKEIT

Sein ganzes Leben lang strebte Chaplin nach Unabhängigkeit. Als Kind wollte er den Zwängen des Hungers und der Armut entfliehen – gemeinsam mit seinem Bruder Sydney, um auch ihrer Mutter ein besseres Leben zu ermöglichen. Bereits bei seinen ersten Engagements und Bühnenauftritten verspürte er den Drang, eigene Ideen zu verwirklichen und neue Maßstäbe zu setzen. Doch als Mitglied eines Ensembles wäre er damals noch relativ leicht zu ersetzen gewesen und stand damit in einer (auch finanziellen) Abhängigkeit.

Mit zunehmendem Erfolg und wachsender Popularität konnte Chaplin nicht nur höhere Gagen fordern, sondern auch mehr künstlerische Freiheiten – er gewann ein Stück Unabhängigkeit. Nach ersten Konflikten mit erfahrenen Regisseuren konnte er sich durchsetzen, um selbst Regie zu führen.

Chaplin war sich früh bewusst geworden, dass seine Unabhängigkeit auf zwei Säulen ruhte: seinem Erfolg beim Publikum und seiner finanziellen Freiheit. Weil er sein Leben lang fürchtete, er könne irgendwann die Gunst des Publikums verlieren, war er sehr bedacht darauf, seine finanzielle Freiheit rasch zu erreichen und zu bewahren.

Doch auch mit zunehmender künstlerischer Freiheit und den daraus resultierenden (auch finanziell) immer erfolgreicheren Filmen, blieb Chaplin der Schritt in die völlige Unabhängigkeit noch lange verwehrt. Als er 1919 mit der Produktion seines Meisterwerks *The Kid* begann, stand er ja noch auf der Gehaltsliste der Produktionsfirma First National, die sich in wichtigen Punkten wenig kooperativ zeigte. Chaplin war als Kassenmagnet bei First

National gern gesehen, aber sein Streben nach einem größeren Anteil am finanziellen Erfolg seiner Filme war den Managern ein Dorn im Auge.

Die gesamte Filmindustrie war in Aufruhr. Wie ein leitender Angestellter es damals ausdrückte, verfolgte man »die Absicht, eine gesunde Geschäftsgrundlage zu schaffen, und wolle nicht länger dulden, dass die Filmindustrie von einem Haufen verrückter Schauspieler beherrscht werde, die sich astronomische Gagen zahlen ließen«[54]. Mit dem »Haufen verrückter Schauspieler« waren damals neben Chaplin auch die großen Filmstars Douglas Fairbanks, Mary Pickford und W. S. Hart gemeint.

Alle großen Filmproduzenten planten eine Vierzig-Millionen-Dollar-Fusion – eine damals gigantische Summe – und wollten alle Kinobesitzer in den USA mit Mehrjahresverträgen an sich binden. Wäre dieser Plan umgesetzt worden, hätte die Filmindustrie »ihre Stars« an die kurze Leine gelegt und ihre Bedingungen diktieren können.

Chaplins Bruder Sydney schlug vor, diese Fusion mit der Ankündigung zunichtezumachen, dass die vier größten Filmstars – Charlie Chaplin, Douglas Fairbanks, Mary Pickford und W. S. Hart – ihre eigene Gesellschaft gründen und in Zukunft ihre Filme frei an die Kinos verkaufen würden. Die vier Stars hatten damals gar nicht die Absicht, ihren Plan zu verwirklichen, ihr Ziel war nur, die Kinobesitzer davon abzuhalten, einen Fünfjahresvertrag mit den vereinigten Filmproduzenten zu unterschreiben, denn ohne die großen Stars wäre so ein Projekt wertlos gewesen. Chaplin erinnert sich in seiner Autobiografie:

> »Wir beschlossen, am Vorabend der Tagung der Filmindustriellen gemeinsam im Speisesaal des Hotels Alexandra zu essen und bei dieser Gelegenheit eine Presseerklärung abzugeben.
>
> An dem bezeichnenden Abend nahmen Mary Pickford, D. W. Griffith, W. S. Hart, Douglas Fairbanks und ich gemeinsam an einem Tisch im Speisesaal Platz und erregten damit großes Aufsehen.

[ ] Nun kam ein Produzent nach dem andern an die Tür des Speisesaals, warf einen Blick auf uns und eilte wieder von dannen, während wir dasaßen, große Geschäftsleute mimten und das Tischtuch mit großen Zahlen vollkritzelten. [ ] Sehr bald saßen ein halbes Dutzend Journalisten an unserem Tisch, denen wir unsere Absicht eröffneten, eine Gesellschaft der Vereinigten Künstler, ›United Artists‹, zu bilden, um unsere Unabhängigkeit zu wahren und der kommenden Fusion der Produzenten etwas entgegenzustellen. Die Meldung erschien auf den ersten Seiten der Zeitungen. Am Tage darauf boten die Direktoren mehrerer Herstellerfirmen an, ihre augenblicklichen Positionen aufzugeben und für ein bescheidenes Gehalt und Gewinnbeteiligung an der neuen Gesellschaft unsere Geschäfte zu führen. Auf diese Reaktion hin beschlossen wir, unseren Plan nun doch Wirklichkeit werden zu lassen. So entstand die Filmgesellschaft ›United Artists‹.«[55]

Der Biograf David Robinson fasst diese Revolution zusammen:

»Die neue Gesellschaft fungierte als Vertriebsorganisation für die Filme, die die vier Gesellschafter – und andere Filmemacher, die sich dem Projekt anschlossen – unabhängig produzierten.

Das Arrangement war revolutionär. Bislang waren Produzenten und Verleiher – mit der Ausnahme von First National – Arbeitgeber gewesen und die Stars Gehaltsempfänger. Nun wurden die Stars ihre eigenen Arbeitgeber. Sie waren ihre eigenen Financiers und sie erhielten zusätzlich die Gewinne, die bislang die Arbeitgeber eingestrichen hatten. Zusätzlich erhielt jeder seinen Anteil an den Gewinnen der Vertriebsorganisation.«[56]

(Die Filmgesellschaft wurde im Jahr 1981 von Metro-Goldwyn-Mayer – kurz MGM – übernommen.)

Für Chaplin war dies der letzte große und finale Schritt in die völlige künstlerische Freiheit. Er begann im November 1922 mit den Dreharbeiten zu *A Woman of Paris* und schuf unter der Flagge von

»United Artists« seine zeitlosen Meisterwerke *The Gold Rush* (1925), *The Circus* (1928), *City Lights* (1931), *Modern Times* (1936), *The Great Dictator* (1940), *Monsieur Verdoux* (1947) und *Limelight* (1952).

!

Erfolgstipp:
Ohne Freiheit ist ein glückliches und selbstbestimmtes Leben nicht möglich.

Freiheit bedeutet nicht, ohne Verantwortung für andere Menschen und die Gesellschaft zu sein. Freiheit bedeutet, frei von existenziellen Zwängen zu sein und seine Zeit, Energie und Mittel für seine Lebensmission einsetzen zu können. Finanzielle Freiheit ist ein wichtiges Fundament für persönliche und zeitliche Freiheit. Schaffen Sie für Ihr Tun und Ihre Mission die Strukturen und Systeme, die Ihrem Leben und Ihrer Kreativität die Freiheit geben, die für wahre Erfüllung notwendig sind.

RISIKEN EINGEHEN

Nach Ablauf seines Vertrages mit Fred Karno verließ Chaplin die Truppe in Kansas City und brach nach Kalifornien auf. Es fiel ihm nicht leicht, Lebewohl zu sagen – der Gedanke an eine ungewisse Zukunft als »totaler Neuling beim Film« ließ ihn nach dem Schlussvorhang der letzten Vorstellung ein paar Tränen verdrücken.

Es war ein großes Risiko, das der junge Charlie im Alter von gerade einmal 24 Jahren einging, als er seinen ersten Vertrag beim Film unterschrieb und zu Keystone ging.

> »Beruflich machte Chaplin den Schritt vom gut etablierten und respektierten Theaterberuf hin zu jenem Zweig der Schauspielerei, den man immer noch für eine leicht anrüchige, vulgäre Form billiger Massenunterhaltung hielt. [ ] Trotz des unbestreitbaren Vorteils, dass er über Nacht seine Gage verdoppeln würde, hegte Chaplin doch ähnliche Zweifel wie damals viele bürgerliche Theaterbesucher und Schauspielerkollegen: dass es beruflichem Selbstmord gleichkam, wenn man eine etablierte Bühnenkarriere zugunsten des Films aufgab.«[57]

Der Filmhistoriker Carey Gary formulierte dies folgendermaßen:

> »Der Film wurde aus gutem Grund von der anständigen Gesellschaft verachtet. Die Nickelodeons waren keine malerischen Vorläufer unserer heutigen lokalen Filmtheater, wie das viele in ihren Erinnerungen behaupten. Sie waren nach Urin stinkende, unhygienische, feuergefährdete Löcher, die zwischen Mietskasernen eingekeilt lagen und

> nur von Einwanderern und armen Leuten besucht wurden, manchmal auch von Prosituierten, Taschendieben und anderen finsteren Gestalten.
>
> Anständige Leute gingen einfach nicht ins Nickelodeon, oder wenn sie es machten, setzten sie sich große Schlapphüte auf und schauten sich vorsichtig um, ehe sie eintraten.
>
> Die Theatergemeinde schaute verächtlich auf den Film herab [ ] im Durchschnitt dauerte ein Film zehn Minuten oder weniger, genug Zeit um eine kurze, dramatische Anekdote zu skizzieren, aber nicht lange genug für eine detaillierte Geschichte oder Charakterentwicklung. Filmschauspielerei war einfach keine richtige Schauspielerei – da schnitt man nur Gesichter und machte lustige Gesten vor einer schwarzen Kiste, die einen zehn Pfund schwerer und zehn Jahre älter aussehen ließ.«[58]

Chaplin sah diese Befürchtungen anfangs bestätigt und fürchtete bei aller Faszination für das Medium Film, er könnte einen Fehler gemacht haben.

Die Fließbandmethoden bei Keystone – voller Hektik, plumper Gags und Verfolgungsjagden – schrien förmlich nach neuen Ideen. Der junge Charlie hatte Ideen. Damit machte er sich aber gleich zu Beginn bei Keystone sehr unbeliebt, was seine Zukunft beim Film gefährdete. Um seine Ideen durchzusetzen und weil er an sich glaubte, ging er noch weiter und ging mutig die Risiken ein, die notwendig waren.

Nach dem Eklat mit der Regisseurin Mabel Normand, bei dem er sie vor dem ganzen Team als inkompetent kritisiert hatte, wurde er vom wütenden Studio-Boss ins Büro zitiert. Sennett drohte Chaplin und stellte ihm ein Ultimatum: »Entweder, Sie tun, was man Ihnen sagt, oder Sie fliegen. Vertrag oder nicht.« Der junge Charlie, als absoluter Neuling bei Keystone, erwiderte gefasst: »Mr. Sennett, ich habe mir meine Brötchen verdient, ehe ich herkam, und wenn Sie mich rauswerfen wollen – bitte schön. Ich bin aber ein gewissenhafter Mensch, und es liegt mir ebenso sehr daran, gute Filme zu machen wie Ihnen.« Sennet ging wortlos hinaus und knallte die Tür hinter sich zu.

Nachdem Chaplin nur knapp einem Rauswurf bei Keystone entgangen war (nur das Interesse des Publikums an seinen Filmen hatte ihn davor bewahrt), wollte er endlich selbst Regie führen und neue Maßstäbe setzen. Diesen Wunsch unterbreitete er Mack Sennet. Sennett, der ihn wenige Tage zuvor noch rauswerfen wollte, war damit absolut nicht einverstanden, da er im Falle eines Flops nicht auf den Produktionskosten sitzen bleiben wollte. Als Chaplin sich bereiterklärte, notfalls mit seinen Ersparnissen die Kosten zu tragen, gab Mack Sennett nach.

!

Erfolgstipp:
Egal wie gut Sie vorbereitet sind und wie selbstbewusst Sie Ihren Wert in die Waagschale werfen – es wird immer wieder Situationen geben, wo das nicht genügt. Entscheidende Momente, in denen andere nicht an Ihre Ideen glauben, Sie unterschätzen oder den Wert Ihrer Leistung oder Ihres Produktes nicht erkennen. Wenn Sie mit all Ihrer Energie, Begeisterung und kommunikatorischen Fähigkeiten Ihr Gegenüber nicht überzeugen können, dann stehen Sie vor der Entscheidung: aufgeben oder das Risiko eingehen.

Worin das Risko besteht, ist natürlich situationsabhängig. Vielleicht riskieren Sie, unentgeltlich Zeit zu investieren oder auf Kosten sitzen zu bleiben. Wenn Sie das Risiko wählen, können Sie scheitern oder gewinnen. Wenn Sie aufgeben, sind Sie schon gescheitert.

ERGEBNISSE SKALIEREN

Nach Chaplins Durchbruch bei Keystone und seinem Wechsel zu Essanay (beides 1914) wuchs seine Popularität rasant.

»Mein Erfolg hatte jetzt solche Ausmaße angenommen, dass Sydney vorschlug, seine Zeit ausschließlich meinen Angelegenheiten zu widmen. Den Berichten zufolge war meine Popularität international. Nachrichten aus New York besagten, dass die Schlangen vor den Kinokassen immer länger wurden. [ ] Wir wurden überschwemmt mit allen möglichen Angeboten von Firmen, die Bücher, Kleider, Kerzen, Spielzeuge, Zigaretten und Zahnpasta herstellten. [ ]

Sydney sprach mit [dem Studioboss] Anderson über den Verkauf meiner Filme. Er schlug vor, sie gesondert von den übrigen Erzeugnissen der Gesellschaft zu verkaufen. Es schien ungerecht, dass die Kinobesitzer alles Geld einstreichen sollten. Essanay verkaufte Hunderte von Kopien meiner Filme, doch das geschah auf die herkömmliche Weise. Sydney schlug vor, die Kinos nach der Zahl der Sitzplätze einzuteilen. Seinem Plan zufolge konnte dann jeder Film mehr als hunderttausend Dollar einspielen. Anderson hielt das für unmöglich, denn das hieße gegen die bisherige Politik des gesamten Filmtrusts anzugehen und sich mit sechzehntausend Kinos anzulegen, deren Usancen und Einkaufsmethoden unverrückbar feststanden; nur wenige Kinobesitzer würden sich darauf einlassen.

Später stand in der ›Motion Picture Herald‹ zu lesen, die Essanay-Gesellschaft habe ihre alten Verkaufsmethoden aufgegeben, und wie Sydney es vorgeschlagen hatte, den Preis für ihre Filme nach

> der Zahl der Sitzplätze gestaffelt. Damit stieg die Einnahme für jeden meiner Filme tatsächlich auf hunderttausend Dollar.«[59]

Chaplin wurde kurz vor dem Auslaufen seines Vertrages hellhörig und erkannte das enorme finanzielle Potenzial seiner Filme. Er verdiente damals 1.250 Dollar je Woche und lieferte alle zwei bis drei Wochen einen fertigen Film ab, von denen jeder diese unvorstellbaren Summen in die Kassen der Studiobosse spülten. Ihm war bewusst geworden, dass letzten Endes nicht die Anzahl der Kinos, die seine Filme spielten, entscheidend war, sondern die Anzahl der Besucher, die seine Filme sehen wollten.

Erfolgstipp:
Überlegen Sie sich, wie Sie Ihre Ergebnisse skalieren können. Wie können Sie mehr Menschen erreichen, mehr Produkte verkaufen und bessere Ergebnisse erzielen – und zwar exponentiell bessere Ergebnisse? Wie könnten Sie zum Beispiel Ihre Einnahmen/Verkäufe/Umsätze verzehnfachen bei gleichem Zeitaufwand? Das digitale Zeitalter macht heute vieles möglich, was früher unmöglich schien. Egal in welcher Branche Sie tätig sind, suchen Sie Wege, um Ihre Ergebnisse zu skalieren. Je mehr Menschen Sie erreichen und mit Ihren Werten und Ihrer Lebensmission dienen, umso mehr Menschen können von Ihnen profitieren und umso mehr werden Sie verdienen.

IN DIE EIGENE ZUKUNFT INVESTIEREN

Als Chaplins Vertrag mit Mutual beendet war, war er gerade mal 28 Jahre alt, und er konnte es kaum erwarten, seine Arbeit für First National aufzunehmen. Aber er hatte kein Atelier.

Bemerkenswert ist die emotionale Situation, in der sich der junge Charlie damals befunden hat. Auf der einen Seite schwamm er auf der Welle von Ruhm und Erfolg und verdiente mit jedem Film ein Vermögen. Auf der anderen Seite hatte er Zeit seines Lebens die Angst, das Publikum könnte irgendwann das Interesse an ihm verlieren und ihm die Gunst entziehen. Folglich hatte er immer seine Finanzen im Blick und lebte verhältnismäßig sparsam (siehe Kapitel »Die Finanzen im Blick behalten«).

Der neue Vertrag mit First National bot ihm nun eine glänzende Zukunft, und Chaplin wollte diese Chance nutzen, um sich kreativ frei zu entfalten und seine Visionen zu realisieren. Daher tätigte er die größte Investition seines Lebens und beschloss, sein eigenes Filmstudio zu errichten. Dafür kaufte er in Hollywood ein großes Grundstück und investierte die (für damalige Verhältnisse) unglaubliche Summe von 534.000 Dollar für die Errichtung eines Ateliers nach seinen Vorstellungen (siehe Kapitel »Den richtigen Platz für seine Träume finden«).

Aus heutiger Sicht war diese Entscheidung logisch und vernünftig. In der damaligen Situation war sie sehr mutig und barg aus Chaplins Sicht natürlich auch ein großes Risiko. Die Filmbranche war ein junger Industriezweig, der von einigen wenigen Filmstudios beherrscht wurde. Die wenigen Schauspieler, die ihre eigene Produktionsfirma gründen wollten, sind meist gescheitert oder konnten nicht mehr an frühere Erfolge anknüpfen. Chaplin war zwar einer der größten Stars, aber das Medium Film war noch jung, und keiner konnte damals den Siegeszug Hollywoods auch nur erahnen. Auch war es ein großer Schritt für den Perfektionisten Chaplin, der ohnehin schon alle künstlerischen Bereiche der Produktion unter seiner Kontrolle hatte, nun auch noch die organisatorische Leitung und Verantwortung des ganzen Studios zu übernehmen. Wäre er daran gescheitert – entweder mangels Erfolge seiner Filme oder an der Mammutaufgabe aller Bereiche –, hätte es damals vermutlich niemanden gegeben, der ihm sein teures Studio abgekauft hätte. Doch Chaplin war bereit, das Risiko auf sich zu nehmen und in seine Zukunft zu investieren.

Erfolgstipp:
Die ertragreichste Investition ist immer die in sich selbst und in seine eigene Zukunft. Welche Investitionen sind für Ihre Lebensmission und Erfüllung notwendig oder förderlich? Eine Aus- oder Weiterbildung? Ein Seminar oder Coaching? Technische Geräte oder Software? Räumlichkeiten?

Überlegen und kalkulieren Sie gut. Unterscheiden Sie zwischen echten Investitionen, die Weiterentwicklung, Wachstum und Ergebnisse bringen, und Statussymbolen, die nur Ihrem Ego schmeicheln.

CHANCEN NUTZEN

Bereits in jungen Jahren war Chaplin beharrlich und diszipliniert. Auch wenn ihn Rückschläge verunsicherten, blieb er sich und seinen Träumen treu und wusste, was er konnte. Chancen zu nutzen war seit jeher seine Stärke. Schon der junge Charlie versuchte, Chancen, die sich ihm boten, zu erkennen und zu nutzen.

Als Kind, das in den Straßen der Londoner Slums aufwuchs, versuchte er, jede Gelegenheit zum Geldverdienen zu ergreifen, um nicht zu verhungern (siehe Kapitel »Ein guter Verkäufer sein«). Später beim Theater und beim Film ergriff er Chancen, die andere übersahen – oder nicht sehen wollten –, und trieb so seine Karriere voran.

Einer der Schlüsselmomente in jungen Jahren war die Chance für seinen ersten Probeauftritt bei Fred Karno. Sein Bruder Sydney hatte lange darum gekämpft, damit Charlie diese Chance endlich bekam. Charlie hatte Angst, aber er ergriff und nutzte sie (siehe Kapitel »Mut«).

> **!**
>
> **Erfolgstipp:**
> Um Chancen nutzen zu können, müssen Sie diese zuerst erkennen. Um Chancen zu erkennen, braucht es Zeiten der Stille, der Einsamkeit und der Reflexion. Chancen zu sehen verlangt aber auch Selbstbewusstsein und Selbstvertrauen als Basis für Mut. Wer den Mut hat, Chancen auch zu ergreifen, wird sie leichter erkennen.

FOKUS

> »Von seinen Anfängen als Regisseur bis zu seinem Weggang von Keystone ist so gut wie nichts über Chaplins Privatleben bekannt – einfach deshalb, weil er praktisch nur für seine Arbeit lebte. Er war von dem neuen Medium fasziniert und von der Aufgabe, es zu meistern, voll und ganz in Anspruch genommen. [ ] Seine ganze Laufbahn hindurch wiederholte sich das Muster: wenn er an einem Film arbeitete, war von dem privaten Charlie so gut wie nichts mehr übrig.«[60]

Für diese extreme Fokussierung opferte er viele Jahrzehnte lang den größten Teil seines Privatlebens und lebte ein Leben, das viele nicht leben möchten. Aber es erfüllte ihn, weil es das war, was er wollte (siehe Kapitel »Lebenswerk = Arbeit = Sein«).

> **!**
>
> **Erfolgstipp:**
> Ein wahrhaft glückliches und erfülltes Leben besteht aus mehreren Elementen: Gesundheit, Beziehungen, Finanzen, Emotionen, Lebenssinn (Erfüllung). Egal welchem Bereich Sie sich gerade widmen, schenken Sie ihm Ihre ungeteilte Aufmerksamkeit. Worin auch immer Ihre Lebensmission liegen mag, fokussieren Sie sich darauf. Wägen Sie sorgfältig ab, was Ihrer Mission wirklich dient, und verzetteln Sie sich nicht.
>
> Chaplin fokussierte sich auf alle entscheidenden Aspekte des Filmemachens, aber er vergeudete keine Zeit mit unnötigen Details und delegierte diese – beispielsweise das Tischlern der Requisiten oder das Bestellen von Kulissen.

ALTER IST KEINE ERFOLGSKATEGORIE

Wie gesagt träumte Chaplin schon als Kind davon, ein berühmter und reicher Schauspieler zu werden. Sein Talent, gepaart mit seiner Disziplin und seinem Mut, Chancen zu ergreifen, waren das Fundament seines Karrierestarts in sehr jungen Jahren. Auf diesem Fundament errichtete er mit seiner Persönlichkeit und seinen Fähigkeiten binnen weniger Jahre eine Weltkarriere, die in diesem Ausmaß kein Mensch vor ihm je machen konnte.

Schon 1914, im Alter von nur 25 Jahren, verdiente er als angestellter Schauspieler mehr als der Filmproduzent Mack Sennet. Nur zwei Jahre später unterschrieb er einen Vertrag mit der Mutual Film Corporation, der ihn im Alter von nur 27 Jahren zum Millionär machte. Kein Mensch auf der Welt außer einem König oder Kaiser hatte jemals auch nur halb so viel verdient. Die Zeitschrift *Reel Life* berichtete am 4. März 1916:

> »Charles Chaplin hat einen Exklusivvertrag mit der Mutual Film Corporation abgeschlossen. Chaplin wird für sein erstes Vertragsjahr 670.000 $ erhalten. Insgesamt musste für die Bildung der Chaplin-Produktionsgesellschaft die Summe von 1.530.000 $ zur Verfügung gestellt werden. Das ist die größte Geldtransaktion, die in der Geschichte des Films jemals für einen einzelnen Star vollzogen wurde. [ ]
>
> Neben dem Krieg in Europa ist Chaplin der kostspieligste Posten unserer zeitgenössischen Geschichte. Jede Stunde, die verstreicht, nimmt Chaplin 77,55 $ ein und falls er mal ein Fünfcentstück für die Straßenbahn brauchen sollte, kann er es sich in nur zwei Sekunden verdienen.«[61]

!

Erfolgstipp:
Egal wie alt oder jung Sie sind – heute beginnt der Rest Ihres Lebens.

Der beste Zeitpunkt, um einen Baum zu pflanzen, war vor 20 Jahren, der zweitbeste Zeitpunkt ist jetzt. Manche Menschen finden in sehr jungen Jahren Ihre Berufung und werden erfolgreich und vermögend. Andere legen erst in späteren Jahren den Grundstein Ihres Lebenswerkes. Colonel Sanders, der Gründer von KFC (Kentucky Fried Chicken), begann beispielsweise erst im Alter von 65 Jahren, sein Franchise-Unternehmen aufzubauen.

Es ist nie zu früh und nie zu spät, seine Lebensmission zu entdecken und ein Leben in Erfüllung zu leben. Egal in welchem Alter Sie sind – es ist der richtige Zeitpunkt!

DELEGIERE

Chaplin war ein Arbeitstier, das die Kontrolle über jeden Aspekt seiner Kunst fest in seinen Händen hielt. Im Studio war er Produzent, Schauspieler, Regisseur, Drehbuchautor, Cutter und (später) Komponist in Personalunion.

Nach seinem Vertragsabschluss mit Mutual fing er an, seinen Lebensstil zu ändern und zu delegieren (um sich noch stärker auf seine Arbeit konzentrieren zu können). Gegen Ende 1916 stellte er Tom Harrington als Kammerdiener-Sekretär ein, der nach seinen Worten »zur conditio sine qua non meiner Existenz wurde«.[62] Harrington empfahl Chaplin einen Chauffeur – einen 28-jährigen Japaner namens Toraichi Kono.

Konos Effizienz und Diskretion beindruckten den damals selbst gerade einmal 27 Jahre alten Charlie, und er entwickelte eine Vorliebe für japanische Bedienstete. Kono begann als Chauffeur und nahm in den 18 Jahren, in denen er bei Chaplin blieb, zunehmend die Rolle des engen Vertrauten und Sonderbeauftragten ein.

Wie schon erwähnt war Chaplins Bruder über viele Jahre sein Manager und kümmerte sich um rechtliche Themen und Vertragsverhandlungen.

Auch in späteren Jahren in der Schweiz beschäftige Chaplin einiges an Personal. Nach dem Einzug ins Manoir de Ban waren etwa ein Dutzend Bedienstete angestellt. Der Haushalt war mehr oder weniger in italienischer Hand: der Butler und die Köchin, Gino und Mirella Terni, und der Chauffeur Renato.

Unverzichtbar war auch seine Sekretärin Rachel Ford. Sie arbeitete für die paneuropäische Bewegung als Organisatorin und ließ sich dazu überreden, versuchsweise eine befristete Stellung bei Chaplin anzunehmen.

»Als sie im Manoir eintraf, waren die Chaplins noch beim Auspacken, und Miss Ford hatte das Gefühl, dass sie vielleicht nicht gerade den vorteilhaftesten Eindruck machte: An einem Fuß trug sie einen Männerstiefel – wegen einer Brandverletzung – und am anderen einen Damenschuh. In ihrer Begleitung befand sich ein Hund an einer Schnur – er hatte seine Leine verloren. Sie erklärte in ihrer direkten Art, dass sie nicht Schreibmaschine schreiben könne, keinerlei Erfahrung als Sekretärin habe und nur ein paar Wochen Zeit zwischen zwei Konferenzen habe. Sie blieb dann über dreißig Jahre.

Sie identifizierte sich voll und ganz mit Chaplins Interessen. Er fand in ihr eine absolut zuverlässige Verwalterin, die sich durch Scharfsinn, Geschick und unerschütterliche Entschlossenheit auszeichnete.«[63]

Erfolgstipp:
Konzentrieren Sie sich auf Ihre Lebensmission und Ihr Geschäft. Hinterfragen Sie bei allem, was Sie tun, ob Sie diese Tätigkeit zwingend persönlich ausüben müssen und wollen. Fokussieren Sie sich auf die wichtigsten Kernaufgaben, die nur Sie persönlich erledigen können, wie zum Beispiel ein Schauspieler vor der Kamera, ein Speaker auf der Bühne oder ein Chirurg im OP.

Alles andere delegieren Sie. Überlegen Sie sich so früh als möglich, ungeliebte private Arbeiten in Haus oder Garten zu delegieren, und schaffen Sie sich so zeitliche Freiräume für die Tätigkeiten, die Sie erfüllen und die Ihrem Lebenswerk dienen.

IDEEN ARCHIVIEREN

Chaplin ging sehr aufmerksam durchs Leben, sammelte Inspirationen und sprühte nur so vor Ideen. Unzählige Gags probierte er aus, vieles wurde schnell in einem Film verewigt, vieles archivierte er für später. Einer seiner Mitarbeiter erinnerte sich: »Chaplins Kopf war die reinste Rumpelkammer, wo alles, was irgendwann einmal von Nutzen sein konnte, vorsorglich aufbewahrt wurde.«[64]

Er war mit einem erstaunlichen Gedächtnis gesegnet und benötigte nur wenige Stunden Schlaf. Diese Kombination ermöglichte ihm, sich während der Nacht Notizen zu machen oder sich ganze Szenen zu merken und sie dann am nächsten Morgen seiner Sekretärin zu diktieren. Er verschwendete nie einen guten Einfall, sondern archivierte seine Ideen und griff später darauf wieder zurück.

So entwickelte Chaplin zum Beispiel für seinen damals leider nicht veröffentlichten Film *The Professor* eine längere Sequenz mit einem Flohzirkus. *The Professor* und damit diese Gag-Idee blieb dem Publikum vorenthalten. Chaplin versuchte sie später in *The Great Dictator* einzubauen, aber es gelang ihm nicht zufriedenstellend. Zu guter Letzt brachte er die Szene in *Limelight* unter – auf eine so stimmige Weise, als hätte er die Idee extra für diesen Film ersonnen.

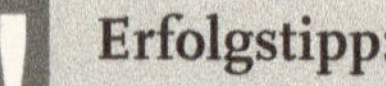

Erfolgstipp:
Sammeln Sie alle Ideen und Inspirationen, die Ihnen begegnen, wenn Sie das Gefühl haben, dass diese Ihnen irgendwann dienlich sein könnten (siehe Kapitel »Aufmerksamkeit«). Überlegen Sie sich ein für Sie passendes System der Ablage und Archivierung Ihrer Ideen, damit Sie diese später leicht wiederfinden können. Manche Ideen werden Sie relativ bald wieder aufgreifen, manche erst später. Einige werden Sie vielleicht weitergeben (oder gar verkaufen) können. Und andere werden Sie nie aufgreifen. Wichtig ist nur, dass Sie Ihre Ideen notieren und archivieren, damit Sie Ihrer Intuition und Inspiration Raum und Aufmerksamkeit geben, sich zu entwickeln.

DER EIGENE STIL

Chaplins enormer Erfolg beruht auch darauf, dass er seinen ganz eigenen Stil entwickelte, sowohl vor als auch hinter der Kamera. Vor der Kamera stand die Figur des Tramps, die ganz anders als alle Charaktere vor ihm agierte, nicht mit Hektik, Tempo und übertriebenen Gesten, sondern mit Subtilität, Gefühl und Expression (siehe Kapitel »Neue Maßstäbe setzen«).

Dafür musste er mit der üblichen »Keystone-Formel« brechen, obwohl sie Mack Sennet als Regisseur durchaus genügte. Dass Sennet ihn anfangs zwang, wild gestikulierend und Grimassen schneidende Grobiane zu spielen, trug damals noch nicht dazu bei, Chaplins Ruhm zu fördern oder seine Fähigkeiten als Schauspieler und Pantomime unter Beweis zu stellen. Erst als er seine eigenen Rollen auswählen, das Tempo der Geschichten verlangsamen und längere Einstellungen mit dem kleinen Tramp drehen konnte, entwickelte er seinen eigenen Stil. Sein phänomenaler früher Erfolg war darauf zurückzuführen, dass er es verstand, seine Figur visuell von allen anderen abzusetzen.

Hinter der Kamera produzierte er Filme wie kein anderer jemals vor ihm. Seine Ansprüche an Qualität und Details trieben ihn an, forderten seine Mitarbeiter und begeisterten sein Publikum. So war und ist er bis heute der Einzige, der jemals ganze Filme entsprechend dem Handlungsablauf der Geschichte gedreht hat, was extrem kostspielig war (siehe Kapitel »Konstant lernen und wachsen«).

Erfolgstipp:
Auch wenn Sie von anderen gelernt haben und sich in einem Thema oder in einer Branche bewegen, wo es gewisse Regeln gibt, müssen Sie einen Weg finden, sich abzuheben. Dazu gehört, als Person anders zu sein (siehe Kapitel »Anders sein«) und auch im Tun einen eigenen Stil zu entwickeln. Diese Kombination, getragen von Ihrer Mission, ist das Fundament Ihrer Einzigartigkeit – so werden Sie zur Premiummarke für Ihre Kunden.

TAGESROUTINE

Ein Artikel, der 1916 kursierte, gibt einen aufschlussreichen Einblick hinter die Kulissen:

»Chaplin ist außerhalb des Studios ein ebenso viel beschäftigter junger Mann wie innerhalb. Er ist ein Mensch, der mit System arbeitet und mit System lebt. Sein Tag beginnt jeden Morgen um Punkt 6 Uhr 30. Und jeden Abend – mit der einen oder anderen Ausnahme – knipst er um 10 Uhr das Licht aus und begibt sich in Morpheus' Arme. [ ] Er lebt gut, aber unaufwendig. [ ], hat einen Chauffeur, einen Kammerdiener und mehrere Sekretärinnen in seinen Diensten.

Wie bereits erwähnt, beginnt Chaplins Tag um 6 Uhr 30. Um diese Zeit wird er von seinem Kammerdiener geweckt. Fünf Minuten später ist er im Bad. Wenn das erledigt ist, begibt er sich in die Hände seines Barbiers, setzt sich zum Frühstück nieder, verbringt eine halbe Stunde mit der Lektüre der Morgenzeitung. [ ]

Wenn er arbeitet, und das ist praktisch an jedem Tag des Jahres der Fall, trifft er jeden Morgen um 10 Uhr im Studio ein. Dort hat er als erstes eine Besprechung mit seinem Studiomanager, Mitgliedern seiner Truppe und anderen wichtigen Personen, dann legt er seine Straßenkleidung ab und schminkt und kostümiert sich.

Im Studio ist Chaplin ein unermüdlicher Arbeiter, da er Regie führt und auch selbst spielt. Jeder Szenenaufbau, ob groß oder klein, entsteht unter seiner persönlichen Anleitung. Er ist ein Experte für Beleuchtungseffekte und sorgt dafür, dass in dieser Hinsicht alles geregelt ist, bevor die Arbeit losgeht. Wenn das erledigt ist, ruft er seine Truppe zusammen, probt die Szenen, die gespielt werden sollen, und dann wird er zum meistbeschäftigten jungen Mann, den man sich vorstellen kann.

Chaplins Studio-Tag kann acht bis zehn Stunden umfassen, je nachdem, wie wichtig die Produktion ist, an der er gerade arbeitet. In vielerlei Hinsicht ist Chaplin ein strenger Meister. Er liebt das Detail, und er achtet darauf, dass jedes Mitglied in seiner Truppe, angefangen bei sich selbst, bis auf den letzten Mann, seine Rolle kann, und zwar gut.

Um etwa 4 Uhr nachmittags ist sein Studio-Tag normalerweise zu Ende. Eine halbe Stunde später ist er wieder in seinen Straßensachen. [ ] Wenn die eigentliche Tagesarbeit abgeschlossen ist, betritt Chaplin ein kleines Privatbüro und stellt den Arbeitsplan für den nächsten Tag auf.

Danach macht er eine Fahrt mit seinem Auto, gewöhnlich mit seinem Studiomanager oder irgendeinem anderen Vertrauten, und landet beim Los Angeles Athletic Club, seinem Domizil, seit er in Los Angeles wohnt. Bis es Zeit fürs Abendessen ist, hält sich Chaplin in den Korridoren auf, unterhält sich mit Freunden oder liest die Abendzeitung. Nach dem Abendessen geht Chaplin sofort auf sein Zimmer und steigt in sein Turntrikot, dann begibt er sich zur Sporthalle des Clubs.

Hier verbringt er jeden Abend eine Stunde mit Sandsack-Training, Boxen, Ringen und Muskeltraining, zum Abschluss springt er noch ins Becken.

Danach bleibt Chaplin, wenn er nicht mit Freunden verabredet ist, etwa für einen Theaterbesuch, in seiner Suite und beantwortet die Berge von Post. [ ]

Chaplin widmet sich allabendlich fast zwei Stunden seiner Korrespondenz und den geschäftlichen Dingen, um die er sich – neben denen, die von einer seiner Sekretärinnen bearbeitet werden – persönlich kümmern muss. Um zehn Uhr ist er bereit, zu Bett zu gehen. Sein Kammerdiener bereitet ihm wieder das Bad, und nach einer kalten Dusche verschwindet Chaplin zwischen den Laken.«[65]

!

Erfolgstipp:
Finden Sie nicht nur das richtige und unterstützende Umfeld für Ihre Lebensmission (siehe Kapitel »Den richtigen Platz für seine Träume finden«), sondern entwickeln Sie auch eine unterstützende Tagesroutine. Beginnen Sie bei Ihrem Biorhythmus. Wann sind Sie besonders kreativ und produktiv? Wann brauchen Sie Ruhephasen? Sind Sie ein Frühaufsteher oder ein Abendmensch?

Was sind die wichtigsten Aktivitäten, die in jeden Tagesplan hineingehören? Wann ist die beste Zeit für Sport? Morgens zum Start in den Tag oder abends zum Abschalten? Wann ist die beste Tageszeit, um allein zu reflektieren und zu planen?

Entwickeln Sie schriftlich Ihre persönliche Tagesroutine, aber planen Sie so, dass Sie nicht in Stress und Hektik geraten. Lassen Sie daher eine Pufferzeit, in der Sie Unvorhergesehenes erledigen oder delegieren können. Und dann leben Sie Ihre Planung, und nehmen sich alle paar Monate die Zeit, diese wenn nötig anzupassen.

INNOVATION UND KREATIVITÄT

UNSINNIGE REGELN BRECHEN

Chaplin hatte ein fotografisches Gedächtnis und war ein Meister darin, schnell von anderen zu lernen und Bewährtes zu übernehmen und weiterzuentwickeln (siehe Kapitel »Von anderen lernen« und »Verbessern, was man gelernt hat«). Er war jedoch auch mutig und entschlossen, wenn es darum ging, Regeln zu brechen, die er für unsinnig hielt und die nicht mit seinem Qualitätsanspruch vereinbar waren. Mit wachsendem Erfolg und finanzieller Freiheit wurde das für Chaplin immer einfacher, in seinen Anfangsjahren jedoch musste er dabei große Widerstände überwinden.

Verhasste Verfolgungsjagden

Als er im Januar 1914 im Alter von 24 Jahren bei Keystone Pictures zu arbeiten begann, stieß er sich schnell an der damals »goldenen Erfolgsregel« des Films, die ihm Mack Sennett erklärte: »Alles endet in einer Verfolgungsjagd, denn das ist das Wesentliche bei unseren Komödien«. Chaplin hasste die Verfolgungsjagd. Er war überzeugt, sie verwische die Persönlichkeit. Er war daher froh, als er einen Film mit Sennets erfolgreichem Regisseur Henry Lehrman beginnen konnte, in der Hoffnung, dieser sei für neue Ideen aufgeschlossener. Chaplin erinnert sich in seiner Autobiografie:

> »Ich machte eine Fülle von Vorschlägen, als die Arbeit begann. Er hörte sie sich lächelnd an, lehnte aber jeden einzelnen ab. Er sagte: ›Das ist ja vielleicht im Theater komisch, im Film haben wir aber

> dazu keine Zeit. Tempo, darauf kommt es an. Der Auftritt des Komikers ist nur der Vorwand für die Verfolgungsjagd!‹ [ ] Er bestand [ ] darauf, den gleichen Unsinn, das, was Keystone immer schon gemacht hatte, endlos zu wiederholen. Alle Aktionen mussten rasch sein – das hieß, es musste gelaufen, auf Dächer und Straßenbahnen geklettert, ins Wasser gesprungen und von Brücken gestürzt werden.«[66]

Dass Chaplins Rolle im Film *Mabel's Strange Predicament* in den Kinos mit Gelächter aufgenommen wurde, gab ihm Selbstvertrauen, dass er auch als neuer Schauspieler eine Chance beim Publikum hatte. Das führte zu so manchem Konflikt mit Mack Sennet und den anderen Regisseuren. Chaplin war überzeugt, dass jeder Statist für 3 Dollar am Tag aus einer Straßenbahn fallen kann, er für 150 Dollar pro Woche jedoch Wertvolleres leisten könnte.

Studioboss Mack Sennett erhöhte den Druck, und Chaplin blieb bei seiner Überzeugung, für die er sich auch mit der Regisseurin Mabel Normand anlegte, die damals Studioliebling und Mack Sennetts Verlobte war. Da sie ihm bei den Dreharbeiten forsch über den Mund fuhr, entgegnete er ihr vor dem Team, dass er nicht tun werde, was sie sagt, und dass er sie für nicht kompetent hielt, ihm Anweisungen zu geben. Chaplin war zu dem Zeitpunkt noch der »Neuling« in der Truppe, währenddessen Mabel eine kompetente und erfahrene Komödiantin war, die bereits in vierzig Filmen mitgespielt hatte.

Für diesen Affront wurde er fast von einigen Statisten verprügelt, und Sennett drohte, ihn zu feuern. Es folgte schließlich eine versöhnliche Aussprache, und Mabel Normands Filmprojekt wurde in überraschend guter Stimmung fertiggestellt, ja, Chaplin wurde sogar von Mabel um Ideen und Vorschläge gebeten. Der ob dieses Sinneswandels erstaunte Charlie erfuhr erst Monate später den Grund dafür: Sennett hatte nach dem Vorfall entschieden, Chaplin zu kündigen, aber am nächsten Morgen ein Telegramm aus dem New Yorker Büro erhalten, in dem er gedrängt wurde, so schnell wie möglich neue Chaplin-Filme zu liefern, denn es herrschte die stärkste Nachfrage danach.

Dieser Rückenwind durch das Publikum unterstützte die Innovationskraft und den Mut Chaplins, mit unsinnigen Regeln zu brechen, und ebnete ihm den Weg, endlich selbst Regie zu führen (siehe Kapitel »Neue Maßstäbe setzen«).

»Slapstick« oder »Drama« – oder beides?

Eine weitere scheinbar bewährte Regel, die Chaplin brechen sollte, war die angebliche Notwendigkeit, streng die Form zu wahren und Slapstick und Drama zu trennen. Ein Film musste lustig oder ernst sein, beides zu vereinen, war undenkbar.

Als Chaplin im Juli 1919 mit den Dreharbeiten zu *The Kid* begann, war er 29 Jahre alt und konnte nicht ahnen, dass die Fertigstellung des Films fast zwei Jahre dauern sollte und welch erfolgreiches Meisterwerk er damit erschaffen würde. Was er wusste, war, dass er in diesem Film »Slapstick mit Sentiment mischte«[67], wie er es beschrieb, und dass er dafür von erfahrenen und erfolgreichen Autoren kritisiert und davor gewarnt wurde. Autor Gouverneur Morris riet Chaplin eindringlich davon ab: »Das kann nicht gut gehen. Die Form muss rein sein, entweder ›Slapstick‹ oder ›Drama‹; man kann das nicht vermischen, sonst bleibt eine von den beiden auf der Strecke«, wie sich Chaplin in seiner Autobiografie erinnerte. Er hielt jedoch an seiner Überzeugung fest, »der Übergang von Slapstick zu Sentiment sei eine Sache des Gefühls und des Taktes beim Anordnen der Szenenfolgen. [ ] Wenn ein Künstler eine Welt erdenke und ehrlich an sie glaube, bestehe diese Welt auch, ganz gleich, woraus sie sich zusammensetze, sie müsse überzeugen. Für diese Theorie hatte ich keine andere Begründung als meine Intuition. Satire, Farce, Realismus, Naturalismus, Melodrama und Phantasiestück hatte es bereits gegeben, brutales ›Slapstick‹ gemischt mit Sentiment jedoch, die Voraussetzungen von ›The Kid‹, war etwas Neues.«[68]

Chaplins Mut, diese Regel zu brechen, war riskant, ein Misserfolg hätte ihn ein Vermögen gekostet und seinen Ruf beschädigt – er hatte zwei Jahre seines Lebens investiert. Doch er sollte recht behalten und der Welt ein Meisterwerk präsentieren.

> **!**
> **Erfolgstipp:**
> Auf dem Weg des Erfolges werden Sie irgendwann auch mit überholten Traditionen und etablierten, aber unsinnigen Regeln konfrontiert werden. Hinterfragen Sie Ihre eigene Sichtweise ehrlich und selbstkritisch. Wenn Sie zum Schluss kommen, dass überholte Traditionen und unsinnige Regeln den Menschen und dem Erfolg im Wege stehen, dann suchen Sie konstruktive Wege, um neue Wege zu gehen und neue Standards zu setzen. Dieser Schritt wird Ihr Umfeld möglicherweise verunsichern oder verängstigen und kann (massive) Widerstände auslösen. Suchen Sie die konstruktive und wertschätzende Kommunikation, um die Vorteile des notwendigen Fortschritts aufzuzeigen. Geben Sie Ihrem Umfeld eine Chance. Wenn das nicht funktioniert, schaffen oder suchen Sie sich ein neues Umfeld.

PUR UND KEINE TRICKS

Auch wenn Chaplin mit Pioniergeist und Innovationskraft das Filmemachen prägte wie kaum ein anderer, strebte er mit all seinen Ideen stets nach mehr Qualität und Reinheit. Er suchte stets neue Wege, um zu mehr zeitloser Tiefe zu gelangen, anstatt mit oberflächlichen Effekten und Tricks kurze Aufmerksamkeit zu erhaschen.

> »Ich persönlich verabscheue alle Tricks: eine Aufnahme durch das Kaminfeuer vom Blickpunkt eines Stücks Kohle aus oder die Fahraufnahme, mit der der Schauspieler durch eine Hotelhalle begleitet wird, als wenn jemand mit dem Fahrrad neben ihm herführe; mir kommt so etwas billig und zu dick aufgetragen vor. Sobald die Zuschauer mit der Anordnung der Gegenstände auf der Szene vertraut geworden sind, ist es ihnen unangenehm, wenn auf der Leinwand der ganze Hintergrund verwischt erscheint, während der Schauspieler sich von einem Ort zum anderen bewegt. Derartige pompöse Effekte stören die dramatische Handlung, sind langweilig und unerfreulich und werden fälschlicherweise mit dem viel strapazierten Wort ›Kunst‹ bezeichnet.
>
> Ich habe meine Kameras immer so aufstellen lassen, dass es möglich war, einen choreographischen Effekt zu erzielen, das heißt, die Aufnahme muss die Bewegungen des Schauspielers zeigen.
>
> Wenn man eine Kamera auf den Boden legt oder sie um die Nasenlöcher des Schauspielers kreisen lässt, dann ist die Kamera und nicht der Schauspieler der Darsteller. Die Kamera selbst darf sich nicht in den Vordergrund drängen.«[69]

!

Erfolgstipp:
Konzentrieren Sie sich auf das Wesentliche! Kommunizieren Sie Ihre Werte und Kernbotschaften – verzichten Sie auf unnötigen Schnickschnack und Effekthascherei. Familie, Freunde, Geschäftspartner und Kunden – sie alle wollen Sie als Mensch, so wie Sie wirklich sind, erleben. Was ist Ihnen wichtig? Was sind Ihre Werte? Wofür stehen Sie? Wo ziehen Sie klare Grenzen? Was ist der klare Mehrwert, den Sie oder Ihre Produkte bieten?

Seien Sie authentisch – immer! Damit binden Sie die Menschen an sich, die zu Ihnen und Ihren Werten stehen. Die anderen werden sich aus Ihrem Leben verabschieden und Ihnen dadurch viel Zeit, Nerven und Geld sparen.

TALENT UND TECHNIK

Auch wenn Filmfreunde und Kritiker ihn als begabten und talentierten Schauspieler und Künstler sahen, war Chaplin immer bewusst, dass Talent allein nicht genügt:

> »Ich habe nie ein Schauspielstudium betrieben, hatte jedoch als Knabe das Glück, innerhalb des Wirkungskreises großer Schauspieler zu leben, und aus ihren Kenntnissen und Erfahrungen habe ich lernen dürfen. Wohl war ich begabt, doch hat es mich bei Proben immer wieder überrascht, wie viel Technisches ich noch lernen musste. Auch der talentierteste Anfänger muss die Technik lernen, denn, so groß seine Gaben auch sein mögen, er bedarf des Handwerklichen, um sie wirkungsvoll einzusetzen.«[70]

Wäre Chaplin ob seines großen Talents in Arroganz verfallen, wäre seine Karriere möglichweise ebenso schnell beendet gewesen, wie sie begonnen hatte. Er wurde aufgrund seiner Disziplin, seiner Lernbereitschaft und seines unbändigen Willens, sein Talent und seine Fähigkeiten zu schulen und weiterzuentwickeln, zum Weltstar und zur unsterblichen Legende.

!

Erfolgstipp:
Talent allein genügt nicht. Wenn Sie für etwas Talent und Begeisterung zeigen, ist das ein gutes Fundament. Darauf können Sie aufbauen, indem Sie die notwendige Technik erlernen – egal ob es sich um eine Sportart, ein Instrument, Rhetorik oder um eine andere Fertigkeit handelt.

Wenn Sie dann die notwendige Technik gelernt haben, fehlen nur noch Disziplin und Übung zur Meisterschaft.

GEGEN DEN STROM SCHWIMMEN

Sowohl der junge Charlie in seinen Anfängen als auch der gefeierte Weltstar Chaplin mussten oft gegen den Strom schwimmen – angetrieben von seiner Passion und seiner Disziplin. Wann immer er als Pionier mit alten – und in seinen Augen unsinnigen – Regeln brechen oder neue Maßstäbe setzen wollte, musste er oft große Widerstände überwinden. Der Strom, gegen den er schwimmen musste, bestand aus alten Ideen und Traditionen.

Er musste aber auch gegen den Strom schwimmen, als er als Einziger am Stummfilm festhalten wollte, während ganz Hollywood sich begeistert der Technik der Sprechfilme zuwandte. Nach vielen Jahren in der Rolle des »Unbequemen, der alles verändern will«, stand er nun erstmals in der Position des »Altmodischen, der sich nicht verändern will«. Sein langes Festhalten am Stummfilm hielt die Entwicklung des Sprechfilms zwar nicht auf, aber setzte neue Kräfte und Ideen in Chaplin frei, die seine letzten Stummfilme in der bereits erfolgreichen Sprechfilm-Ära zu zeitlosen Meisterwerken machten.

Seit *City Lights* und *Modern Times* sind bis heute – fast 100 Jahre später – Tausende Sprechfilme produziert worden, aber nur wenige davon werden heute von jedermann sofort erkannt wie diese beiden Meisterwerke Chaplins.

Wäre Chaplin nicht auch hier gegen alle Widerstände gegen den Strom des Sprechfilms geschwommen, dann hätte er anstatt zweier wunderbarer Stummfilme mit seiner großartigen Musik vielleicht nur einen jener anfänglichen quäkend-scheppernden Sprechfilme produziert, der die Figur des kleinen Tramps aber mit Sicherheit zerstört hätte. Chaplin hätte so einen Film mit Sicherheit nicht nur nicht veröffentlicht, sondern bestimmt vernichtet.

Doch nicht nur, was die Filmtechnik betrifft, sondern auch mit den Inhalten und Botschaften seiner Filme entschied sich Chaplin, bewusst gegen den Strom zu schwimmen. Während er mit *Modern Times* den Beginn der Industrialisierung kritisierte, stellte er sich mit *The Great Dictator* mutig Adolf Hitler entgegen. Dass Chaplin sich mit seinen Entscheidungen, Botschaften und auch politischen Aussagen nicht nur Freunde machte, sondern auch mächtige Feinde, sollte ihn schließlich auch ins Exil bringen.

!

Erfolgstipp:
Wenn Sie zur Quelle wollen, müssen Sie gegen den Strom schwimmen. Herausragende Leistungen und Errungenschaften entstehen immer, wenn Menschen sich entscheiden, sich nicht vom Strom treiben zu lassen. Gegen den Strom zu schwimmen kann bedeuten, sich anzustrengen, sich abzustrampeln und kämpfen zu müssen. Es kann aber auch nur bedeuten, anders zu denken, zu fühlen oder zu sein.

GEGEN ALLE WIDERSTÄNDE

Neben dem allgemeinen Widerstand, der Chaplin das Leben schwer machte, wie zum Beispiel die Presseberichterstattungen, musste er sich auch direkten persönlichen und bedrohenden Widerständen stellen und diese überwinden.

Mitten in der Produktion von *The Great Dictator* kamen alarmierende Nachrichten: Das Hays Office, die Zensurbehörde, drohte mit Zensur des Films in den USA, und die Ausstrahlung des Films in England schien inzwischen mehr als fraglich. Doch Chaplin war entschlossen weiterzumachen. Während die Zensur und der Krieg »nur« den wirtschaftlichen Erfolg des Films bedrohten, erhielt Chaplin auch bald persönliche Drohbriefe.

Obendrein brachte ihm der Vaterschaftsprozess, den Joan Barry gegen ihn veranlasst hatte, viel negative Presse und beschädigte sein Ansehen (siehe Kapitel »Charlie Chaplin – eine Vita«). Obwohl der Bluttest bestätigte, dass Chaplin nicht der Vater des Kindes war, wurden der Prozess und die Presseberichterstattung dazu instrumentalisiert, Chaplin politisch zu verfolgen und ihn als »unmoralischen Verführer«, »kommunistischen Aufwiegler« und als »öffentliche Gefahr« zu brandmarken. Auch wenn das FBI ihn jahrelang im Visier hatte und inzwischen eine über 2.000 Seiten fassende Akte über ihn angelegt hatte, konnte Chaplin bis zuletzt nichts Konkretes vorgeworfen beziehungsweise nachgewiesen werden. Trotzdem endete der persönliche Feldzug von FBI-Chef Edgar Hoover im Umfeld der damals politisch pro-faschistisch eingestellten USA mit Chaplins Exil.

Als er mit seiner Familie am 17. September 1952 mit dem Schiff nach England aufbrach, fiel eine Last von Chaplins Schultern, und es überkam ihn ein Gefühl von Freiheit.

Zwei Tage später brachte das Radio die Nachricht, dass der amerikanische Justizminister Chaplins Wiedereinreise-Visum annulliert und angeordnet hatte, die Einwanderungsbehörde sollte Chaplin bis zur Vernehmung festhalten, wenn – oder falls – er versuchen sollte, wieder einzureisen. Chaplin reagierte darauf mit ungewöhnlicher Zurückhaltung – er dachte dabei an sein Vermögen in den Vereinigten Staaten, das er sichern wollte und dessen Konfiszierung er fürchtete. Er erklärte daher entschlossen, sich gleich nach seinem Urlaub den erhobenen Anschuldigungen zu stellen. Doch als die *Queen Elizabeth* in Southampton anlegte und Chaplin den Boden seiner Heimat betrat, hatte er längst entschieden: Er würde sich nie mehr der nervlichen Belastung einer gerichtlichen Untersuchung aussetzen. So wurde die Fahrt nach England zu einer Reise ohne Wiederkehr, und Chaplin war die berühmteste »unerwünschte Person« der Welt geworden.

!

Erfolgstipp:
Gegen den Strom zu schwimmen kann anstrengend und fordernd sein, denn man denkt und handelt quasi anders als die anderen. Wenn zu solchen Herausforderungen dann noch konkrete Anfeindungen und Angriffe durch einzelne Personen hinzukommen, kann die Belastungsgrenze schnell erreicht sein.

Hinterfragen Sie offen und selbstkritisch Ihre Gedanken und Sichtweisen. Bringen Sie diese in Übereinstimmung mit Ihren Werten und Ihrer Lebensmission. Das gibt Kraft und die Gewissheit, dass Ihr Tun und Durchhaltevermögen einem höheren Zweck dient und nicht nur Ihrem Ego.

Wenn Sie – so mental gestärkt – Ihre Widersacher ignorieren können, dann tun Sie es. Schenken Sie Ihren Gegnern keine Aufmerksamkeit, und geben Sie ihren Angriffen keine Bühne. Sich auf unnötige Scharmützel einzulassen – vielleicht nur aus gekränkter Eitelkeit – kostet nur Energie und lenkt von wichtigeren Dingen ab.

Wenn Sie Ihre Widersacher nicht ignorieren können, weil diese Ihnen, Ihren Lieben oder Ihrem Werk schaden könnten, dann holen Sie sich konkrete und der Situation entsprechende Unterstützung. Sie müssen den Konflikt lösen oder so weit entschärfen, dass Sie ihn ignorieren können. Wenn das nicht gelingt, müssen Sie bereit sein zu kämpfen, beispielsweise vor Gericht.

AUS DER NOT EINE TUGEND MACHEN

Es ist erwähnenswert, dass die Pantomime, als erfolgreiche Kunstform, das Fundament für die Entstehung des Films bildete. Hätte es nur »Sprech-Theater« gegeben, wäre die Geschichte des Films ganz anders verlaufen, denn die Anfänge des »Bewegtbildes« waren ja »stumm«. Theaterstücke und Geschichten mit gesprochenem Wort in (sehr kurze) Stummfilme zu wandeln hätte enorme Hürden mit sich gebracht, wären die Schauspieler jener Zeit nicht meist auch Pantomimen gewesen.

Bemerkenswert ist, dass die Pantomime, die gewissermaßen nicht nur Grundvoraussetzung für die Entstehung Hollywoods und damit das Fundament für Chaplins Werk und Weltruhm war, aus einer Not heraus entstanden war. Im 18. Jahrhundert entstand die Pantomime aufgrund der damaligen Zensurbestimmungen, wonach Dialoge verboten waren. (Ausnahme waren nur die beiden Theatres Royal.) Dadurch mussten alle Theater gezwungenermaßen das wortlose Schauspiel entwickeln. Diese Schauspiele erfreuten sich jedoch rasch so großer Beliebtheit, dass auch die Theatres Royal gezwungen waren, solche Stücke in ihr Programm aufzunehmen.

In den Music Halls hielt sich das Dialog-Verbot besonders lang, dementsprechend hielten sich auch die Pantomime-Sketche. Fred Karno ließ all diese Traditionen in seine Arbeit einfließen, die auch Chaplins Anfänge prägte.

Die Pantomime wurde also aus der Not heraus geboren und danach zum Erfolgsrezept. Mit ihr konnten Theater und Film die Welt erobern, weil sie keine Grenzen kannte und alle Sprachbarrieren überwand. Damit wurde sie zum Fundament des Siegeszuges des Films und öffnete die Tür für Charlie Chaplin, den ersten Weltstar der Pantomime.

> **!**
>
> **Erfolgstipp:**
> Wo immer Sie Einschränkungen oder Begrenzungen unterworfen sind, die Sie scheinbar behindern und bremsen, überlegen Sie sich, wie Sie diese als Chance nutzen können. Vielleicht spornen Sie diese Hindernisse dazu an, zu lernen und zu wachsen, um besser und stärker zu werden, um diese Hindernisse zu überwinden. Oder die Hindernisse blockieren einfach alte und überholte Wege und zwingen Sie dazu, neue Wege zu suchen und zu entwickeln. Dadurch werden Sie zum Pionier und können sich neu positionieren. Oder das Hindernis selbst wird zum Weg, wie im Fall der Pantomime.

INNOVATION UND NEUE TOOLS

Die Spezialeffekte in *The Gold Rush*, die das Publikum in Begeisterung und Staunen versetzten (siehe Kapitel »Konstant lernen und wachsen«), waren nur ein Beispiel von vielen für Chaplins enorme Innovationskraft, wenn es darum ging, neue Techniken zu entwickeln. In seinem Streben, das Publikum mit Szenen zu überraschen, die unerklärlich schienen, wurde er zum Pionier der filmischen Spezialeffekte.

Für seinen Film *Shanghaied* (1915) mietete Chaplin ein Schiff als Requisite. Um die Schlingerbewegungen zu imitieren, entwickelte der Kameramann einen Drehzapfen, auf dem die Kamera, gesteuert durch ein schweres Gegengewicht, hin und her schwenken konnte. Chaplin ließ auch eine Kajüte auf Kufen bauen, damit er das gefährliche Schlingern des sturmgebeutelten Schiffs realistisch nachbilden konnte.

Für *The Floorwalker* (1916) entwickelte Chaplin virtuose Gag-Sequenzen. Neben den großartig choreografierten und getimten Verfolgungsjagden auf der Rolltreppe begeistert in diesem Film eine ganz besondere Szene: Charlies Konfrontation mit dem Geschäftsführer eines Warenhauses. Der wütende Geschäftsführer hebt Charlie am Kragen hoch und trägt ihn mühelos durchs Zimmer. Von dem aufwendigen Mechanismus, der dies möglich machte – Chaplin wurde an einem Draht aufgehängt –, ist dank der perfekten Ausführung nichts zu bemerken.

!

Erfolgstipp:
Auch wenn Sie sich auf das Wesentliche konzentrieren (siehe Kapitel »Pur und keine Tricks«), seien Sie innovativ und entwickeln Sie Ihr Spezialgebiet und Angebot weiter. Überraschen Sie Ihre Kunden und Ihr Publikum mit Innovationen, die Ihr Angebot spürbar verbessern, ohne sich in unnötigem und entbehrlichem Schnickschnack zu verlieren.

TRANSPOSITION

Chaplin vereinigte viele seiner Talente und Fähigkeiten, um Handlung, Gags und Inszenierung seiner Werke zu entwickeln und umzusetzen. Neben Mimik, Gestik, Akrobatik, Musik und Schnitttechnik setzte er wie kein anderer Transposition ein. Sein Film *The Pawnshop* (1916) ist von allen seinen Werken das mit den meisten Ideen und der Film, in dem Chaplin am intensivsten die Komik der Transposition erforschte, die er auch schon in seiner früheren Arbeit eingesetzt hatte:

> »Hier scheint in seiner genialen Phantasie jeder Gegenstand irgendetwas anderes zu verkörpern und irgendeine andere Verwendung nahezulegen. In Ednas Küche werden Ednas frischgebackene Doughnuts gehandhabt, als wären es Gewichte; aus einer Rolle Teig wird ein Bein und aus einer Kelle eine Hawaii-Gitarre [ ] Komische Transposition erreicht den Höhepunkt der Verfeinerung, wenn Charlie in einer ausgedehnten Szene einen Wecker untersucht, den ein staubiger, niedergeschlagener Kunde (Albert Austin) verpfänden will. Charlie wird zum Arzt, der Wecker zu seinem Patienten, als er ihn mit einem Stethoskop abhört und seine Reflexe prüft. Unversehens verwandelt er sich dann in ein Stück kostbares Porzellan, das er geschickt mit den Fingerspitzen zum Klingen bringt. Er bohrt ihn an wie einen Safe. Er öffnet ihn mit einem Büchsenöffner und schnüffelt dann misstrauisch an den ›Innereien‹, mit einem Blick, der besagt, dass sie stinken. Vorübergehend wird der Wecker wieder zum Wecker, als Charlie das Mundstück des Telefons abschraubt und dieses zu einer Juweliers-Lupe umfunktioniert. Nachdem er die Federn

geölt hat, holt er eine Zange hervor und wird zum Zahnarzt, der wildentschlossen den Inhalt herausreißt. Er zieht die Feder heraus und misst sie wie ein Band von Nase bis Fingerspitze ab, dann kippt er den restlichen Inhalt des Weckers auf den Ladentisch. Als die Innereien anfangen, sich wie ein Haufen Getier zu winden, besprenkelt er sie mit Öl. Nachdem er nun den Wecker demoliert hat, wischt er den Inhalt zurück in das leere Gehäuse und gibt dem benommenen Austin das Ganze mit einem Kopfschütteln und einem zutiefst angeekelten Blick zurück.«[71]

!

Erfolgstipp:
Innovation kann darin bestehen, gänzlich neue Konzepte zu entwickeln und neue Wege zu gehen. Innovation kann auch darin bestehen, Bestehendes weiterzuentwickeln. Innovation kann aber auch durch Transposition entstehen, indem Ideen, Technologien oder Konzepte aus einem Bereich erfolgreich in einen anderen übertragen wurden. Ein Beispiel: Die 3D-Drucktechnologie wurde zuerst für die Herstellung von Prototypen in der technischen Industrie verwendet und hat später in der Medizin Anwendung gefunden. Das ermöglicht die Herstellung von maßgeschneiderten Implantaten, Prothesen und sogar Gewebe.

HINGABE

Chaplin entwickelte bereits in seinen Zeiten bei Mutual zahlreiche Eigenheiten, die seine Mitarbeiter gleichermaßen amüsierten wie auch teilweise in Verlegenheit brachten. Amüsant war beispielsweise das täglich stattfindende Zeremoniell bei Chaplins Ankunft im Studio. Egal, wann des Morgens der Ruf »Er ist da!« erklang, ließen die Schauspieler, Bühnentechniker und Elektriker alles stehen und liegen und reihten sich in Hab-acht-Stellung auf, bevor Chaplin durch das Studiotor kam. Die Truppe machte sich einen Jux daraus, und Chaplin hatte seinen Spaß.

In Verlegenheit brachte Chaplin seinen neuen Pressechef Carlyle T. Robinson in dessen Anfangszeit. Wenn – meist prominente – Studiobesucher die Arbeit störten, zum Beispiel durch Pfeifen, dann fauchte Chaplin Robinson an und beschuldigte ihn, gepfiffen zu haben. Auf diese Weise wies er seinen Gast dezent auf dessen Störung hin, ohne ihn zu brüskieren.

Chaplins Mitarbeiter waren die Eigenheiten ihres Chefs schnell gewohnt und entwickelten großen Respekt vor der Hingabe und der Einsatzbereitschaft ihres Arbeitgebers. Carlyle T. Robinson erinnerte sich in seinem Buch *La verité sur Charlie Chaplin*:

> »Erst nachdem die letzte Szene von ›The Immigrant‹ abgedreht war, konnte ich die Energie des kleinen Mannes richtig voll würdigen. Es ging darum, die vielen überzähligen tausend Meter Film, die belichtet waren, zu eliminieren.

›The Immigrant‹ musste auf eine Länge von 1 800 Fuß reduziert werden, bevor er dem Verleih übergeben werden konnte. Er hatte mehr als 40.000 Fuß gedreht!

Chaplin schnitt den Film vier Tage und vier Nächte lang, ohne sich eine einzige Ruhepause zu gönnen. Ein und dieselbe Szene sah er sich manchmal fünfzigmal hintereinander an, schnitt vier Inches hier, einen Fuß dort! Ein Mitarbeiter assistierte ihm, ein anderer sah einfach zu. Rollie Totheroh, sein Kameramann, war der Assistent und ich war der ›Beobachter‹.

Als der Film dann endgültig auf die erforderliche Länge gebracht worden war und Chaplins uneingeschränkte Billigung gefunden hatte, hätten selbst die besten Freunde des Komikers ihn nicht wiedererkannt. Der Bart war ihm [ ] gewachsen. Seine Haare waren zerzaust. Er war schmutzig, abgehärmt und kragenlos. Aber sein Film war fertig.«[72]

Erfolgstipp:
Lieben Sie, was Sie tun, oder machen Sie etwas anderes. Das bedeutet nicht, dass es immer leicht und mühelos von der Hand gehen muss. Es kann anstrengend und kräftezehrend sein, aber wenn es Sie wahrhaft erfüllt, dann sind Sie auf dem richtigen Weg.

Verwechseln Sie aber nicht Vergnügen mit Erfüllung, Ersteres macht Spaß, Zweiteres verschafft Ihnen eine tiefe innere Befriedigung und gibt Ihrem Leben und Ihrem Tun Sinn und Bedeutung.

SUBTILITÄT

Chaplin entwickelte für seine Figur des Tramps und für seine Filme generell völlig neue Stilmittel, die mit bisherigen Traditionen und Regeln brachen. Er musste dafür viele Widerstände überwinden, wurde aber so zum Pionier des Films und erreichte bis dahin unvorstellbare Dimensionen des Ruhms. Eines seiner besonderen Stilmittel war die Subtilität.

In einem Interview mit *The Observer* teilte Chaplin 1957 seine Gedanken mit:

> »Ich sehe lieber einen Mann, der mit einem Löffel den Tee umrührt, als einen Vulkanausbruch. Meine Kamera soll dem Proszenium eines Theaters gleichen, nah an die Schauspieler herangehen, seine Konturen nicht verlieren, das Publikum an ihn heranbringen. In meinem gesamten Werk habe ich stets auf Sparsamkeit der Mittel geachtet. Für manche Leute müssen Filme aufwendig, überdimensional, spektakulär sein, vielleicht haben Sie in mancher Hinsicht recht, aber ich arbeite lieber die Persönlichkeit heraus, statt auf Breitwand Grand Canyons zu zeigen. Der Schatten eines Zuges, der über ein Gesicht gleitet, ist mir wichtiger als die Ansicht eines ganzen Bahnhofs [ ]«.[73]

!

Erfolgstipp:
Bemerkenswerte Akzente zu setzen braucht keinen Bombast oder große Töne. Kleinigkeiten und feine Nuancen können große Wirkung entfalten. Seien Sie kreativ, und entwickeln Sie ein Gespür für Subtilität.

FINANZEN

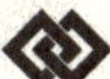

DEN EIGENEN WERT KENNEN

Chaplins Selbstbewusstsein als Künstler war bemerkenswert. War er trotz oder gerade wegen der Erfahrungen seiner Kindheit sich seines Wertes als Künstler so bewusst?

Natürlich kämpfte er in seinen Anfängen um jedes Engagement und akzeptierte die ihm angebotenen Standard-Gagen. 1909 war er noch Teil einer Truppe und damit nicht schwer zu ersetzen, als er bei Fred Karno in *Mumming Birds* als Betrunkener auftrat. Diese Rolle war ein wichtiger Schritt am Beginn von Chaplins Karriere, und sie sicherte damals sein Einkommen.

Sein Misserfolg in der Foresters Music Hall (siehe Abschnitt »Die Bewerbung bei Fred Karno«) verfolgte ihn wie ein Gespenst. Chaplin erinnerte sich:

> »Da ich mein Selbstvertrauen noch nicht ganz zurückgewonnen hatte, bedeutete jede neue Hauptrolle eine Angstpartie. Und nun brach der erschreckende und entscheidungsschwere Tag an, an dem ich Mr. Karno um Verlängerung meines Vertrages und Erhöhung meiner Gage bitten musste.«[74]

Karno konnte gegenüber Schauspielern, die er nicht leiden konnte, zynisch und grausam sein, und auch wenn er Charlie mochte, versuchte er mit allen Tricks, eine Gagenerhöhung zu verhindern. Er behauptete Chaplin gegenüber, dass sich die Theaterdirektoren beschwert hätten, die Show sei erbärmlich, und Chaplin tauge auf der Bühne nichts.

Chaplin bluffte damals, er hätte ein besseres Angebot vorliegen, was aber nicht stimmte. Mr. Karno griff daraufhin zum Telefon, wählte angeblich die Nummer des Theaterdirektors in Bermondsey und fragte provokant in den Hörer, wie die Show ankäme, bevor er dem damals 19-jährigen Charlie den Hörer ans Ohr hielt. Die Stimme am anderen Ende der Leitung tönte demonstrativ: »Die Show ist ein Blindgänger. Und dieser Chaplin, der stinkt!« Wütend rief Chaplin in den Hörer: »Aber nicht halb so sehr, wie Euer stinkendes Theater!«[75]

Sein Selbstvertrauen war gesunken, aber er forderte trotzdem die Erhöhung seiner Gage von 5 aufs 6 Pfund. Zu seiner Überraschung gestand Karno ihm das zu, und die beiden vertrugen sich wieder.

Die weiteren Erfolge und der Applaus des Publikums gaben ihm jedoch schnell mehr Selbstvertrauen und die Gewissheit, dass er nicht nur seine Zuschauer begeisterte, sondern auch nach und nach die Einnahmen seiner Auftraggeber massiv steigerte.

Anfang Januar 1914 trat Chaplin in den USA seine neue Stelle in den Keystone Pictures Studios von Filmproduzent Mack Sennett an. Nach den anfänglichen Herausforderungen wurde am 4. Mai 1914 sein Regiedebüt *Caught in the Rain* veröffentlicht und avancierte zu einem der bis dahin erfolgreichsten Filme von Keystone. Auch seine folgenden Filme begeisterten das Publikum in Großbritannien, und Chaplin wurde von der heimischen Presse gefeiert.

Das war zur Zeit der Kriegserklärung. Alle Welt glaubte, Engländer und Franzosen würden die Deutschen innerhalb einiger Monate geschlagen haben. Chaplin erinnerte sich in seiner Autobiografie:

> »Um diese Zeit etwa wollte Sennett meinen Vertrag erneuern und fragte nach meinen Bedingungen. Bis zu einem gewissen Grade kannte ich das Ausmaß meiner Popularität, aber auch den ephemeren Charakter des Phänomens. Ich vermutete, dass ich bei dem Tempo, das ich eingeschlagen hatte, innerhalb eines Jahres ausgepumpt sein werde und dass ich darum das Heu einfahren müsse, solange die Sonne schien.«[76]

Chaplin verlangte 1.000 Dollar die Woche, worauf Sennett entsetzt entgegnete, dass nicht einmal er als Studiobesitzer so viel verdiene. Chaplin, der damals 25 Jahre alt war, wies darauf hin, dass das Publikum nicht wegen Sennetts, sondern wegen seines Namens auf dem Programm zu den Kinokassen drängte.

Mack Sennet versuchte Chaplin davon zu überzeugen, dass eine Schauspielkarriere ohne Unterstützung seines Studios nicht möglich sei. Er erwähnte Chaplins Schauspielkollegen Ford Sterling, der bei Sennet zum großen Star geworden war, aber dann Keystone verlassen hatte, um sich selbstständig zu machen. Kurz darauf kehrte er reumütig zurück, weil er mit seinem eigenen Studio gescheitert war und erst bei Sennet wieder große Erfolge erzielen konnte.

Doch Chaplin bestand auf seiner Forderung. Sennet bot Chaplin zwar einen neuen Dreijahresvertrag mit einer jährlich fixierten Gagenerhöhung an, aber wollte Chaplins Forderung nach 1.000 Dollar Wochengage nicht erfüllen. Und so kam es zu keiner Einigung. Chaplin erinnerte sich:

> »Mein Vertrag mit Keystone lief noch einen Monat, und da ich bisher von keiner anderen Gesellschaft ein Angebot bekommen hatte, wurde ich etwas nervös. Sennet wusste das wohl und wartete seine Zeit ab. [ ] Trotz alldem verließ mich meine Zuversicht nicht. Wenn ich von niemandem ein Angebot erhielt, dann konnte ich mich selbständig machen. Warum auch nicht? Ich hatte das Selbstvertrauen und die Fähigkeit dazu. Ich erinnere mich noch genau an den Augenblick, in dem dieses Gefühl in mir geboren wurde: Ich unterschrieb gerade eine Requisitenanforderung an der Wand des Ateliers.«[77]

Chaplins Bruder Sydney war auch sehr erfolgreich bei Keystone, hatte aber kein Interesse, seine gute Gage aufzugeben, um gemeinsam mit seinem Bruder eine eigene Filmgesellschaft zu gründen. Er blieb noch ein weiteres Jahr bei Mack Sennet.

Im November 1914 unterzeichnete Charles Chaplin einen Vertrag bei der Essanay Film Manufactoring Company, die ihm neben einer wöchentlichen Gage von 1.250 Dollar eine einmalige Zahlung über 10.000 Dollar garantierte. Er konnte bei Essanay seine Produktionspläne halbieren und doch seine Wochengange auf das Achtfache steigern. Er blieb Angestellter, aber hatte mehr Kontrolle über seine Produktionen und höhere Etats. Chaplins Popularität wuchs rasant weiter, die Zusammenarbeit mit Essanay gestaltete sich aber schwierig, und der Vertrag wurde bald beendet.

1916 unterschrieb Chaplin bei der Mutual Film Corporation, die ihm bei Vertragsabschluss einen Bonus von 150.000 Dollar und eine Wochengage von 10.000 Dollar garantierte (siehe Kapitel »Finanzielle Freiheit«).

!

Erfolgstipp:
Kennen und steigern Sie Ihren Wert für andere. Andere bezahlen Ihnen nicht das, was Sie fordern, sondern den Wert, den Sie bieten. Ihre Leistung oder Ihr Produkt müssen anderen einen Wert bieten, der den geforderten Preis übersteigt. Dieser »Wert« muss nicht monetär sein, er kann auch in anderen Kategorien definiert werden.

Hier ein konkretes Beispiel einer Wertschöpfungskette: Mutual zahlte Chaplin eine astronomisch hohe Wochengage von 10.000 Dollar. Das wären inflationsbereinigt heute etwa 300.000 Euro. Mutual war dazu bereit, weil die Manager wussten, dass die Einnahmen durch den Verkauf der Filmkopien an die Kinobesitzer weit mehr einbringen würden. Die Kinobesitzer waren bereit, für Chaplins Filme mehr an Mutual zu bezahlen als für andere Filme, da sie wussten, dass diese Filme mehr Besucher anlocken würden. (Bis hier ging es in der Wertschöpfungskette immer um den finanziellen Aspekt.) Die Kinobesucher waren bereit, Geld für Kinokarten zu bezahlen, weil sie den *Wert* der »Unterhaltung« durch Chaplin höher ansetzten als den finanziellen *Preis* der Kinokarte.

Worin auch immer Ihr Geschäftsmodell bestehen mag, arbeiten Sie daran, Ihren Wert zu steigern, indem Sie konstant lernen und wachsen. Investieren Sie Zeit, um den Wert Ihrer Arbeit (oder Ihres Produktes) konkret zu definieren. (Worin besteht dieser Wert? Geld? Zeit? Gesundheit? Emotionen/Unterhaltung? ...) Bedenken Sie auch die weitere Wertschöpfungskette, die Sie »auslösen«, wie im oben genannten Beispiel.

Danach arbeiten Sie daran, Ihren Wert klar zu kommunizieren, damit andere ihn erkennen und bereit sind, angemessen und überdurchschnittlich dafür zu bezahlen.

DIE FINANZEN IM BLICK BEHALTEN

Geprägt von der bitteren Armut seiner Kindheit war Chaplin Zeit seines Lebens ein sparsamer Mensch, der seine Ausgaben immer im Griff und seine Finanzen immer im Blick hatte. Er sparte von jeder Gage konsequent den größtmöglichen Teil und brachte ihn gleich zur Bank. Bereits als Jugendlicher prüfte er auf seinen Tourneen die Rechnungen der Wirte und strich jede Leistung heraus, die er nicht in Anspruch genommen hatte. Wenn er zum Beispiel zum Tee nicht anwesend gewesen war, zog er den Betrag für seinen Tee von der Rechnung ab.

Da er in den letzten Jahren von Hannahs Leben gemeinsam mit Sydney für sie finanziell verantwortlich war, achtete er akribisch darauf, kein Geld zu verschwenden, gut für seine Mutter zu sorgen und Geld für schlechte Zeiten oder Zeiten ohne Engagement zurückzulegen. Chaplin zeigte dabei die Genauigkeit eines Buchhalters und löste damit bei anderen Verblüffung aus.

Als sein erster Jahresvertrag mit Keystone zu Ende ging, bot ihm die Filmgesellschaft Essanay 1.000 Dollar Wochengage. Chaplin bestand auf 1.075 Dollar. Das erschien dem Agenten eine so seltsame Zahl, dass er Chaplin nach dem Grund fragte. Der stets auf seine Finanzen und seine Sicherheit bedachte Chaplin antwortete, dass er 75 Dollar die Woche zum Leben brauche und den Rest auf die Bank bringen werde. Er sah damals immer noch das Schreckgespenst des Hungers und der Armut seiner Kindheit vor sich und konnte nicht glauben, dass sein Glück anhalten würde.

Chaplins Umgang mit seinem Geld legte den Grundstein für seine künstlerische Freiheit, da er es sich leisten konnte, Projekte und

Ideen auf eigenes Risiko zu finanzieren und zu realisieren. Doch auch im Alter, als er seinen Reichtum genießen konnte, achtete er mit Oona auf die Finanzen. Das Kindermädchen Kaykay erinnerte sich an die Säuglingskleidung, die immer säuberlich zusammengelegt und für den späteren Gebrauch aufgehoben wurde, sobald ein Kind aus ihnen herausgewachsen war: »Mr. und Mrs. Chaplin hätten den Mond kaufen können, doch sie hatten die gleiche vernünftige Einstellung wie normale Leute, dass Kleidung, die noch gut ist, weiter benutzt werden soll.«

!

Erfolgstipp:
Egal auf welcher Stufe der finanziellen Erfolgsleiter Sie gerade stehen: Achten Sie auf Ihre Finanzen. Führen Sie ein Haushaltsbuch, haben Sie Überblick über ihre Einnahmen sowie Ausgaben, und richten Sie ein Kontenmodell ein. Streichen Sie unnötige Ausgaben, und richten Sie automatisierte Sparpläne ein, um systematisch Vermögen aufzubauen, und damit finanzielle Unabhängigkeit zu erreichen.

FINANZIELLE FREIHEIT

Chaplin wurde sich seines Ruhmes erst Anfang 1916 richtig bewusst, als er mit dem Zug nach New York fuhr, um seinen Bruder Sydney zu besuchen. An jedem Bahnhof, an dem der Zug hielt, wurde er von einer riesigen Menschenmenge bestürmt und von Politikern begrüßt – die Telegrafisten hatten die Reiseroute der Presse zugespielt.

Seit seinem ersten Engagement für die Eight Lancashire Lads, für das der junge Charlie damals »freie Kost und Logie, sowie wöchentlich eine Krone« erhalten hatte, hatte sich viel geändert. Bei Keystone Pictures betrug seine anfängliche Wochengage 150 Dollar.

Nachdem Chaplins Vertrag bei der Filmgesellschaft Essanay ausgelaufen war, führte Sydney Verhandlungen, um Angebote für die zukünftige Arbeit seines Bruders einzuholen. Universal, Fox und zahlreiche andere versuchten Chaplin für sich zu gewinnen. Am Ende konnte niemand das Angebot von John R. Freuler, dem Präsidenten der Mutual Film Corporation, überbieten. Der Vertrag garantierte Chaplin eine Wochengage von 10.000 Dollar (das wären inflationsbereinigt heute circa 300.000 Euro), zusätzlich zu einem Bonus von 150.0000 Dollar bei Vertragsunterzeichnung (etwa 4,5 Millionen Euro). Die Medien berichteten damals über »die größte Geldtransaktion, die in der Geschichte des Films jemals für einen einzelnen Star vollzogen wurde«[78].

Zwischen der ersten Keystone-Gage in Höhe von 150 Dollar und dem ersten 10.000-Dollar-Scheck bei Mutual lagen lediglich zwei Jahre. Chaplin wurde gerade 27 Jahre alt.

Zeit seines Lebens konnte Chaplin gut mit Geld umgehen und lebte sparsam, denn nach den Zeiten der Armut, des Frierens und des Hungers war ihm bewusst, dass Geld geprägte Freiheit bedeutet, wie es bereits Dostojewski ausgedrückt hat.

Die Höhe von Chaplins Einkünften sorgte damals bei Presse und Öffentlichkeit für große Aufregung, wurde aber auch kritisiert. Kein Mensch auf der Welt außer einem König oder Kaiser hatte jemals auch nur halb so viel verdient. Chaplin selbst gab nach der Vertragsunterzeichnung eine geschickte und entwaffnende Erklärung ab:

> »Viele Leute machen große Augen, wenn Sie hören, wie hoch mein sogenanntes Einkommen ist. Ehrlich gesagt, ich verschwende nicht allzu viele Gedanken darauf.
>
> Geld und Geschäft sind etwas sehr Ernstes, und ich muss zusehen, dass ich mich möglichst wenig damit befasse. [ ] Das käme nur meiner Arbeit in die Quere. [ ] Dieser Vertrag besagt eigentlich nur, dass ich im Geschäft bin, befreit von den üblichen Sorgen und mit einer garantierten Dividende.
>
> Er besagt, dass ich die Freiheit habe, so komisch zu sein, wie ich es wage, das Beste zu leisten, was in mir steckt, und meine Energien für das zu opfern, was die Leute haben wollen.«[79]

Chaplin, der binnen fünf Jahren aus der Armut zum bestbezahltesten Menschen der Welt aufgestiegen war, lebte relativ bescheiden. Seine Freiheit und seine Arbeit waren ihm wichtiger. Kein Schmuck, keine Pferde, keine Partys oder Landhäuser – das Einzige, was er sich leistete, war ein 12-Zylinder-Automobil. Er war immer demütig gegenüber seinem Erfolg und fürchtete, dass das Publikum eines Tages das Interesse an ihm verlieren könnte. Dafür wollte er stets gerüstet sein und achtete seine finanzielle Freiheit, die ihm die Möglichkeit gab, so zu arbeiten und die Projekte umzusetzen, die er wollte.

Chaplin erklärte damals der Presse:

> »Mein ganzes Leben lang bin ich ein Arbeiter gewesen. Es stimmt, dass ich mich heute, wenn ich wollte, vom Film zurückziehen und

für den Rest meines Lebens unbeschwert und behaglich leben könnte. Ich bin noch ein junger Mann – sechsundzwanzig Jahre alt, aber Sie werden sehen, dass ich in fünfzig Jahren noch genauso hart arbeiten werde wie jetzt. Geld ist nicht alles. Arbeit kann einen glücklicher machen als alles andere, was ich mir vorstellen kann.«[80]

!

Erfolgstipp:
Wenn Sie Ihr Leben zu einem Meisterwerk machen und Ihre Bestimmung leben wollen, dann benötigen Sie dafür finanzielle Freiheit. Wenn Sie nicht genügend finanzielle Mittel haben, dann werden Sie ständig Ihre Zeit und Energie für das kurzfristige Geldverdienen aufbringen müssen, anstatt Zeit und Mittel zu haben, sich mit langfristigen Zielen, Strategien und Projekten zu beschäftigen, die Ihrer Berufung dienen und Ihnen Erfüllung bringen.

Egal wo Sie finanziell stehen, machen Sie Geld zu einer unterstützenden Kraft in Ihrem Leben. Investieren Sie in Vermögenswerte, die Ihnen Cashflow generieren, anstatt in Konsumgüter, deren Erhaltung Geld verschlingt. Natürlich sollen Sie materiellen Überfluss genießen und sich Herzenswünsche erfüllen, aber nicht um den Preis, Ihre Freiheit zu verlieren.

Bauen Sie strategisch Vermögen auf, bis der daraus resultierende Cashflow Ihr Leben und Ihre Träume finanziert. Nur dann sind Sie wirklich frei, denn finanzielle Freiheit bedeutet auch »Zeitmillionär« zu sein und Ihre Energie und Zeit der Erfüllung Ihrer Bestimmung widmen zu können.

CHAPLINS VERMÄCHTNIS

Er war Schauspieler, Autor, Regisseur, Produzent und Komponist. Er war Pionier und prägte die Anfänge der Filmindustrie. Seine Filmfigur wurde Kult und zur archetypischen Gestalt. Seine Filme sind zeitlose Meisterwerke, die bis heute begeistern und berühren.

Charlie Chaplin war der erste Weltstar der Menschheit und wurde zum Idol und symbolischen Vertreter von Milliarden, denen er Freude und Lachen schenkte in einer von Krieg und Not geprägten Zeit. Sein Lebenswerk begeistert und fasziniert auch die Generationen, die nach seinem Tod geboren wurden. Doch sein Vermächtnis geht weit über sein Werk hinaus.

Eine traumatische Kindheit in bitterster Armut konnte ihn nicht brechen. In den Slums von London träumte er bereits als 5-Jähriger davon, der berühmteste Schauspieler der Welt zu werden. Er hatte den Mut, seinen Träumen zu folgen, gegen alle Widerstände und Herausforderungen. Er hat Geschichte geschrieben und die Welt mit seinem Werk bereichert.

Sein Leben inspiriert uns, es ihm gleichzutun – mutig unseren Träumen zu folgen, die eigene Lebensmission zu finden, erfüllt zu leben und mit unserem Werk die Welt zu bereichern.

ÜBER DEN AUTOR

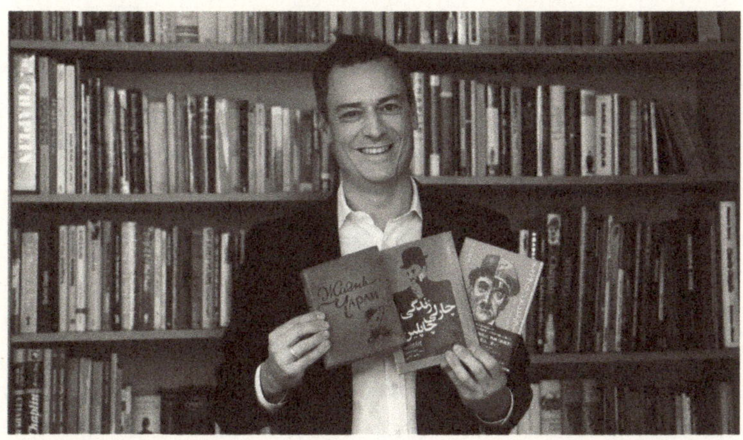

Markus Leyacker-Schatzl ist seit über 20 Jahren erfolgreicher Unternehmer und mehrfacher Buchautor. 1997 war seine erste »Begegnung« mit Charlie Chaplin, als er im Fernsehen den Film *Der große Diktator* sah. Kurz danach erstand er in einer Buchhandlung David Robinsons Werk *Chaplin. Sein Leben, seine Kunst.* Fasziniert von der Persönlichkeit und dem Lebenswerk Chaplins begann das intensive Studium seiner Werke und das Sammeln von Büchern über Chaplins Leben und Werk. Seine Chaplin-Bibliothek ist heute die größte in Österreich und eine der größten der Welt. Sie umfasst ca. tausend Bücher aus der ganzen Welt.

Im Oktober 2018 startete er sein Herzensprojekt »Menschen im Porträt«. Durch Interviews mit außergewöhnlichen Gästen möchte er seine Zuschauer dazu inspirieren, mit Mut und Stärke ihrer Vision zu folgen und ihre Krisen zu meistern. Besondere Highlights waren unter anderen Dieter Hallervorden und der letzte Überlebende der Schlacht von Stalingrad, Hans-Erdmann Schönbeck. Mit David Hasselhoff gelang ihm der Schritt aufs internationale Parkett.

Im Zuge der zahlreichen Interviews dachte der Autor öfter darüber nach, wie ein Interview mit Chaplin verlaufen wäre, welche Fragen Chaplin womöglich nie gestellt worden sind und welche Antworten einen tieferen Einblick in das Denken und die persönlichen Erfolgsstrategien dieses Genies ermöglicht hätten. Aus diesem Blickwinkel studierte Markus Leyacker-Schatzl das Leben und Werk Chaplins und begann die Arbeit an diesem Buch, das fast 50 Jahre nach Chaplins Tod eine Lücke schließt und dem Leser damit den bisher umfassendsten und tiefsten Einblick in die Gedankenwelt und die persönlichen Erfolgsstrategien von Charles Chaplin gibt.

Website des Autors: www.MarkusLeyacker.at
Website zum Buch: www.chaplin-buch.at
Chaplin Library des Autors: www.chaplin-library.com
Menschen im Porträt: www.menschen-im-portraet.at

BIBLIOGRAFIE

Da bisher weltweit weit über 1.000 Bücher über Chaplin erschienen sind (Guinness World Records »Film Star with the most biographies«), seien hier nur wenige, besonders herausragende Titel aufgelistet. Eine umfangreiche und laufend aktualisierte Bibliografie finden Sie auf der Website: www.chaplin-library.com.

Chaplin, Charles: *A Comedian sees the World* (New York: Crowell 1933)

Chaplin, Charles: *My Autobiography* (dt. Ausgabe: *Die Geschichte meines Lebens*)

Chaplin, Charles: *My Life in Pictures* (London, Bodley Head, 1974)

Comte, Michael (Hrsg.): *Charlie Chaplin – Das Fotoalbum* (Steidl, 2002)

Duncan, Paul (Editor): *The Charlie Chaplin Archives* (Taschen, 2021)

Robinson, David: *Chaplin. Sein Leben, seine Kunst* (Diogenes Verlag, 1989)

Weissman, Stephen: *Chaplin. Eine Biografie* (Aufbau Verlag, 2009)

FILMOGRAFIE

Die Jahresangaben in Klammern beziehen sich immer auf das Datum der Filmpremiere.

Für mehr Details zu jedem Film sei die Filmografie im Buch *Chaplin. Sein Leben, seine Kunst* empfohlen.

Die Keystone-Filme (1914)

Making a Living (Man schlägt sich durch)
Kid Auto Races at Venice (Seifenkistenrennen in Venice)
Mabel´s Strange Predicament (Mabel in peinlicher Lage)
Between Showers (Zwischen zwei Regenschauern)
A Film Johnnie (Ein Filmfan)
Tango Tangles (Tangoverwicklungen)
His Favorite Pastime (Sein liebster Zeitvertreib)
Cruel, Cruel Love (O grausame Liebe)
The Star Border (Der Lieblingsgast)
Mabel at the Wheel (Mabel am Steuer)
Twenty Minutes of Love (Zwanzig Minuten Liebe)
Caught in a Cabaret (In einer Spelunke ertappt)
Caught in the Rain (Im Regen ausgesperrt)
A Busy Day (Ein toller Tag)
The Fatal Mallet (Der verhängnisvolle Holzhammer)
Her Friend the Bandit (Ihr Freund, der Bandit)
The Knockout (Der Knockout)
Mabel´s Busy Day (Mabels toller Tag)

Mabel´s Married Life (Mabels Eheleben)
Laughing Gas (Lachgas)
The Property Man (Der Requisiteur)
The Face on the Bar Room Floor (Das Gesicht auf dem Boden der Bar)
Recreation (Erholung)
The Masquerade (Die Maskerade)
His New Profession (Sein neuer Beruf)
The Rounders (Die Zechtouristen)
The New Janitor (Der neue Hausmeister)
Those Love Pangs (Liebesqualen)
Dough and Dynamite (Teig und Dynamit)
Gentlemen of Nerve (Männer ohne Nerven)
His Musical Carrer (Seine musikalische Karriere)
His Trysting Place (Der Ort seines Stelldicheins)
Tillie´s Punctured Romance (Tillies gestörte Romanze)
Getting Acquainted (Man lernt sich kennen)
His Prehistoric Past (Seine prähistorische Vergangenheit)

Die Essanay-Filme (1915 – 1916)

His New Job (Sein neuer Job)
A Night Out (Eine durchzechte Nacht)
The Champion (Der Champion)
In the Park (Im Park)
A Jitney Elopement (Die Entführung im Münztaxi)
The Tramp (Der Tramp)
By the Sea (Am Meer)
Work (Arbeit)
A Woman (Eine Frau)
The Bank (Die Bank)
Shanghaied (Schanghait)
A Night in the Show (Ein Abend im Varieté)
Charlie Chaplin´s Burlesque in Carmen

Police (Polizei)
Triple Trouble (1918 zusammengeschnitten aus unfertigen Chaplin-Filmen)

Die Mutual-Filme (1916 – 1917)

The Floorwalker (Der Ladenaufseher)
The Fireman (Der Feuerwehrmann)
The Vagabond (Der Vagabund)
One A. M. (Ein Uhr nachts)
The Count (Der Graf)
The Pawnshop (Das Pfandhaus)
Behind the Screen (Hinter der Leinwand)
The Rink (Die Rollschuhbahn)
Easy Street (Die leichte Straße)
The Cure (Die Kur)
The Immigrant (Der Einwanderer)
The Adventurer (Der Abenteurer)

Die First-National-Filme (1918 – 1923)

How to Make Movies (Wie man Filme macht; Premiere war erst 1981 in London)
A Dog´s Life (Ein Hundeleben, 1918)
The Bond (Die Kriegsanleihe, 1918)
Shoulder Arms (Gewehr über, 1918)
Sunnyside (Auf der Sonnenseite, 1919)
A Day´s Pleasure (Vergnügte Stunden, 1919)
The Kid (Das Kind, 1921)
The Idle Class (Die müßige Klasse, 1921)
Payday (Zahltag, 1922)
The Pilgrim (Der Pilger, 1922)

Die United-Artists-Filme (1923 – 1952)

A Woman of Paris (Eine Frau aus Paris/Nächte einer schönen Frau, 1923)
The Gold Rush (Goldrausch, 1925)
The Circus (Der Zirkus, 1928)
City Lights (Lichter der Großstadt, 1931)
Modern Times (Moderne Zeiten, 1936)
The Great Dictator (Der große Diktator, 1940)
Monsieur Verdoux (Der Heiratsschwindler von Paris, 1947)
Limelight (Rampenlicht, 1952)

Die englischen Produktionen (1957 – 1967)

A King in New York (Ein König in New York, 1957)
A Countess From Hong Kong (Die Gräfin von Hongkong, 1967)

Filme über Chaplin (Auswahl)

Chaplin. Spielfilm, Großbritannien, USA, 1992, 143 Min.

Charlie Chaplin – A Tramp's Life. Dokumentarfilm, USA, 1997, 90 Min.

Der Tramp und der Diktator. Dokumentarfilm, Großbritannien, 2002, 89 Min.

Chaplin heute – Der große Diktator (OT: Chaplin aujourd'hui – Le Dictateur). Dokumentarfilm, Frankreich, 2003, 26 Min.

Charlie – Leben und Werk von Charles Chaplin (OT: Charlie: The Life and Art of Charles Chaplin). Dokumentarfilm, USA, 2003–2007, 127 Min.

Charlie Chaplin, wie alles begann. Ein Tramp erobert die Welt (OT: La naissance de Charlot). Dokumentarfilm, Frankreich, 2013, 59 Min.

Charlie Chaplin – Der Komponist, Deutschland, 2017, 55 Min.

ENDNOTEN

1 Alle Jahresangaben hinter Filmtiteln beziehen sich auf das Datum der Premiere des jeweiligen Films.

2 Stephen Weissman: *Chaplin – Eine Biografie*, S. 125

3 Charles Chaplin: *Die Geschichte meines Lebens*, S. 209

4 Ebd., S. 286

5 Ebd., S. 293ff.

6 David Robinson: *Chaplin. Sein Leben. Seine Kunst*, S. 515

7 Stephen Weissmann: *Chaplin – Eine Biografie*, S. 153

8 Ebd., S. 155

9 Frederick Sands: *Herr und Frau Chaplin – Die Geschichte einer Ehe*, S. 123

10 David Robinson: *Chaplin – Sein Leben, seine Kunst*, S. 671

11 Charles Chaplin: *Die Geschichte meines Lebens*, S. 118

12 David Robinson: *Chaplin. Sein Leben. Seine Kunst*, S. 272

13 »Chaplin – and how he does it«, *Photoplay*, September 1917

14 Charles Chaplin: *Die Geschichte meines Lebens*, S. 256

15 Thomas Burke: »A Comedian«, *City of Encounters*, 1932, S. 149

16 David Robinson: *Chaplin. Sein Leben. Seine Kunst*, S. 527

17 Chaplin Archives

18 Sydney Chaplin Jr.: Artikel in Everybody's Magazine, Ausgabe vom 18. Oktober 1952

19 Stephen Weissmann: *Chaplin – Eine Biografie*, S. 215

20 Rose Wilder, Charlie Chaplin: *Charlie Chaplin´s own Story*, S. 138

21 Rubeigh James Minney: *Chaplin – The Immortal Tramp*, S. 6

22 David Robinson: *Chaplin. Sein Leben. Seine Kunst*, S. 6

23 Charles Chaplin: *Die Geschichte meines Lebens*, S. 42

24 *Topical Times*, Ausgabe Juli 1903

25 David Robinson: *Chaplin. Sein Leben. Seine Kunst*, S. 453

26 Das Skript ist erhalten geblieben und wird in den Chaplin-Archiven erwahrt.

27 Matthias Horx: »Die Zukunft des Internets«, Studie, 2001.

28 Charles Chaplin: *Die Geschichte meines Lebens*, S. 156

29 Ebd., S. 144

30 Ebda, S. 156

31 David Robinson: *Chaplin. Sein Leben, seine Kunst*, S. 144

32 Charles Chaplin: *Die Geschichte meines Lebens*, S. 95

33 David Robinson: *Chaplin. Sein Leben. Seine Kunst*. S. 104

34 Ebd.

35 Ebd.

36 Charles Chaplin: *Die Geschichte meines Lebens, S. 98ff.*

37 Ebd., S. 118

38 Ebd., Seite 427

39 David Robinson: *Chaplin. Sein Leben, seine Kunst*, S. 558

40 Charles Chaplin: *Die Geschichte meines Lebens*, S. 399f.

41 Auszug aus der Schlussrede der deutschen Filmfassung; die ganze Rede dauerte im Film sechs Minuten. Charles Chaplin's final speech from THE GREAT DICTATOR Copyright © Roy Export S.A.S. All rights reserved.

42 David Robinson*: Chaplin. Sein Leben. Seine Kunst*, S. 584

43 Ralph Waldo Emerson: *Essays*, S. 68

44 Mack Sennet: *King of Comedy*, S. 154

45 An dieser Stelle sei die großartige Dokumentation *Charlie Chaplin – Der Komponist* von Arte.tv empfohlen.

46 Charles Chaplin: *Die Geschichte meines Lebens*, S. 134

47 Ebd., S. 136

48 Ebd., S. 137

49 Ebd., S. 143

50 Ebd., S. 146f.

51 David Robinson: *Chaplin – Sein Leben, seine Kunst*, S. 290

52 Ebd., S. 444

53 Charles Chaplin: Die Geschichte meines Lebens, S. 58

54 Charles Chaplin: *Die Geschichte meines Lebens*, S. 224

55 Ebda, S. 224

56 David Robinson: *Chaplin Sein Leben. Seine Kunst*, S. 319

57 Stephen Weissman: *Chaplin – Eine Biografie*, S. 223

58 Carey Gary: *Doug und Mary: A Biography of Douglas Fairbanks und Mary Pickford*, 1977, S. 18

59 Charles Chaplin: *Die Geschichte meines Lebens*, S. 175

60 David Robinson: *Chaplin – Sein Leben, seine Kunst, S. 163*

61 *Reel Life*, Ausgabe vom 4.3.1916

62 David Robinson: *Chaplin. Sein Leben. Seine Kunst*, S. 231

63 Ebd., S. 666

64 Ebd., S. 11

65 Presseartikel von Mutual, Juni 1926

66 Charles Chaplin: *Die Geschichte meines Lebens*, S. 149f.

67 Ebd., S. 237

68 Ebda, S. 237

69 Ebd., S. 255

70 Ebd., S. 261

71 David Robinson: *Chaplin – Sein Leben. Seine Kunst*, S. 215

72 Carlyle T. Robinson: *La verité sur Charlie Chaplin*

73 *The Observer*, Ausgabe vom 6. Oktober 1957

74 Charles Chaplin*: Die Geschichte meines Lebens*, S. 116

75 Ebd.

76 Ebd., S. 161

77 Ebd., S. 162

78 Zeitschrift *Reel Life*, Ausgabe vom 4.3. 1916

79 David Robinson: *Chaplin Sein Leben. Seine Kunst*, Seite 197

80 Presseartikel, erschienen im *San Francisco Bulletin*, im Jahr 1916, zitiert aus: David Robinson: *Chaplin. Sein Leben. Seine Kunst*, S. 200

3 Geschenke für Sie

Von ganzem Herzen danke ich Ihnen, dass Sie dieses Buch lesen. Darum möchte ich Ihnen **3 wertvolle Geschenke** machen:

1. Geschenk

Inspirierende Kurzvideos per E-Mail

Manchmal ist es eine einzige Inspiration, die alles im Leben verändern kann, stimmt´s?
Gerne sende ich Ihnen einmal wöchentlich ein inspirierendes Kurzvideo per E-Mail – völlig kostenfrei.
Diese Impulse sollen Sie inspirieren, ermutigen und erinnern, Ihren Träumen treu zu bleiben und Ihre Ziele zu erreichen.

2. Geschenk

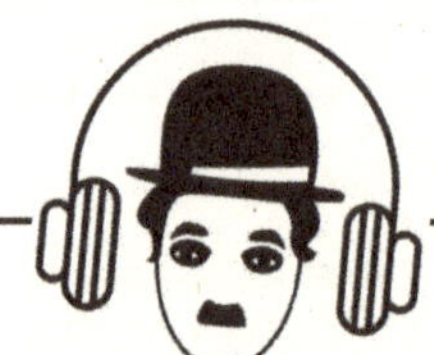

Kostenloser Ausschnitt des Hörbuchs Charlie Chaplin — Erfolgsgeheimnisse einer Legende

Vertiefen Sie Charlie Chaplins Erfolgsgeheimnisse und integrieren Sie diese gewinnbringend in Ihr Leben.
Gesprochen von der Schauspiellegende Dieter Hallervorden.

3. Geschenk

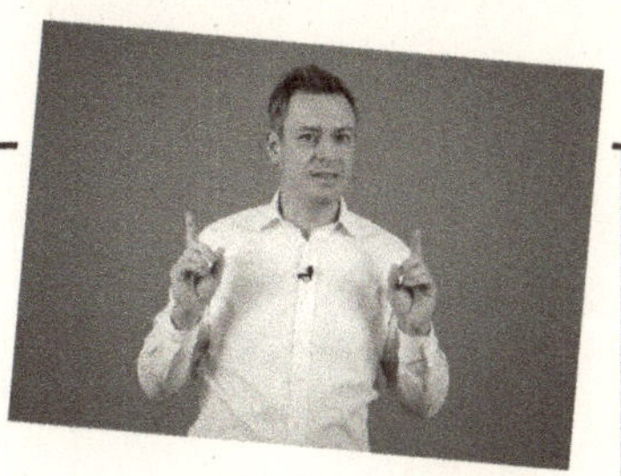

Ihr exklusives Video-Coaching

Es zeigt Ihnen in 4 einfachen Schritten, wie Sie Charlie Chaplins Erfolgsgeheimnisse konkret umsetzen und für sich nutzen können. Natürlich kostenfrei.

So sichern Sie sich Ihre 3 Geschenke:

Besuchen Sie jetzt die Website www.chaplin-buch.at/geschenke oder scannen diesen Code

mit Ihrem Handy.

Auf der Website können Sie Ihre Geschenke herunterladen – ganz unverbindlich.

Viel Spaß und Erfolg!

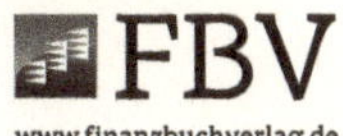
FBV